生きる 現代文読解語

霜 栄 著
(しも さかえ)

駿台文庫

はじめに

現代文や小論文の学習を、難しいと感じるのはなぜでしょうか？

受験勉強の中で問われることの大半は、すでに学んだことをわかっているかどうかという能力です。ところが、現代文や小論文という科目で問われることは、まだ学んだことのない内容を理解できるかどうかなのです。

そこに第一の難しさがあります。頭の中にすでにある言葉を探すのではなく、**頭の中にまだない言葉を受け入れて新たな知を理解しなければなりません**。しかも、問題文の言葉から、自分が何を思い、どう感じるかは別にして、筆者という他人が、何を伝えたいのかを正しく把握しなければなりません。

第二に、現代文の言葉は**日常で普通に使う言葉と特殊な言葉の両方で構成されています**。その結果うっかりすると、どこまでが自分の思考や感情で、どこからが筆者のメッセージなのか曖昧となり、また、知らない言葉、間違って覚えた言葉によって誤読してしまうことが生じます。

本書はそういった事情を考慮して、さまざまな工夫をこらしました。

♠ センター試験の形式で日常語をチェック

センター試験ですでに出題されたものだけでなく、今後**出題される可能性の高い類似の日常語**を選択肢に並べることで、意味の違いを能率よく正確に習得できるようにしました。

♥ 基本重要語で客観的思考の基礎固めを

外来語を含め、客観的思考のために必要な基本重要語を網羅しました。形式・内容の類似性に注目することで、**意味の明確な違いと関連性**の両方を理解できるようにしてあります。

♣ **印象に残る例文・解説で生きる語彙力を**

難解な語句にも、なるべくふだん**使えそうな例文**を採用し、用法を理解することで生きる語彙力を身につけられるように配慮しました。**記述・表現力の基礎**を養ってください。

◆ 頻出60テーマの要約で記述・小論文対策

単なる背景知識の断片ではなく、必要な思考の見取り図ともなるように頻出テーマを網羅して関連づけ、**要約問題で頻出テーマの理解が深まるように**構成されています。

利用方法

センター試験のみの受験生は第1・2章までを学習し、第3章の右ページを読んでください。国立二次・私大受験生は第3章の太字番号までを習得してください。難関大受験生・小論文選択者はすべてを習得してください。

また本書は、重要語の知識を身につけるだけでなく、意味の違いや関連性にも注目することで、客観的な思考力が養えるように工夫されています。ただ解答を確かめるだけではなく、同=同意語、派=派生語・複合語、関=関連語、異=同音異義語、対=対義語などもチェックしてください。

なお、仏=フランス語、独=ドイツ語、希=ギリシャ語、羅=ラテン語を意味します。

① **チェックシート**を用いて、自分で答えを考えてみる。
② 下欄で正解を確認し、間違えたときは番号の上の□欄に斜め線などを入れる。
（一度目は◻、二度目は⊠、三度目は◩、四度目は■などと使える）
③ 解答だけでなく、必ずポイント欄の解説なども見て、語句の正しい理解を深める。

目次

はじめに
利用方法
著者からのメッセージ

◆ 序　章 ◆ 現代とはどんな時代だろう？ …… 7

1 脱近代（＝ポストモダン）という背景　2 中世（前近代）→近代→現代（脱近代）　3 精神と物質
4 人生の物語　5 社会の構造　6 共同体の変遷　7 時間の変遷　8 記憶の変遷
9 空間の変遷　10 国家の変遷　11 芸術の変遷　12 世界観の変遷　13 混沌の現代
☆思想チャート

◆ 第1章 ◆ センター小説対策500 …… 33

1 感情・日常表現の重要語275 …… 34
2 熟語・慣用表現の重要語225 …… 56

◆ 第2章 ◆ 頻出の基本重要語200 …… 75

1 形式で覚える重要語90 …… 76
2 分野で覚える重要語50 …… 94
3 形式で覚える外来語60 …… 104

◆第3章◆　重要テーマ読解語300 …… 117
1　思想・芸術 …… 118
①虚構　②比喩／例　③韻文／散文　④芸術　⑤オリジナル／コピー　⑥ヒューマニズム　⑦具体／抽象
⑧普遍／特殊　⑨帰納／演繹　⑩相対的／絶対的　⑪主観／客観　⑫批評　⑬哲学　⑭心理　⑮文学　⑯越境
⑰言説　⑱形而上／形而下　⑲リアリズム／ロマンティシズム　⑳レトリック　㉑構造主義　㉒他者　㉓体系
2　国際・地域 …… 164
㉔グローバリゼーション　㉕国民国家　㉖クレオール　㉗多文化主義
3　社会・制度 …… 172
㉘資本主義　㉙日常／非日常　㉚近代(modern)　㉛啓蒙主義　㉜ポストモダン　㉝記号　㉞言語　㉟神話／タブー
㊱宗教　㊲倫理／道徳　㊳市民社会　㊴共同体　㊵個人／社会　㊶中心／周縁　㊷貨幣　㊸贈与／返礼　㊹歴史
4　人間・環境 …… 206
㊺死生学　㊻身体　㊼アイデンティティ　㊽理性／感性　㊾環境倫理　㊿文化／文明　(51)国家
5　物質・生命 …… 220
(52)科学革命　(53)近代科学　(54)分析／総合　(55)科学
6　数理・情報 …… 228
(56)時間／空間　(57)メディア　(58)テクノロジー　(59)アナログ／デジタル　(60)情報
索引　1　重要語 …… 240
　　　2　人物名 …… 255

著者からのメッセージ

世の中には、言葉にならない大切なものがたくさんあります。でも、「サンタクロース」という言葉を知ったとき、ぼくらはサンタクロースのことを考えられるようになりました。白ヒゲの老人が、白いトリミング付きの真っ赤な服とナイトキャップという格好で、お腹を揺すりながら、高らかに笑う姿を思い浮かべることができます。ときに言葉は音や映像みたいに、トナカイが引くソリのように、ぼくらの感情と思考を、夜空のもっとも遠くまで、それこそ世界の果てまで連れて行ってくれるようです。

言葉はけっして孤独ではありません。

「兄」には必ず「弟」か「妹」がいて、「自分の恋人」にはたぶん「自分という恋人」がいるように、「形而上」という言葉があれば「形而下」という言葉があり、「精神」という言葉には「肉体」という言葉が寄り添います。「形而上」は「精神」に支えられ、「形而下」は「肉体」で感受されます。こんなふうに、いろいろな言葉があなたとつながってくるとき、きっとあなたの孤独な思いも、たくさんの人間や世界のどこかへとつながっていくでしょう。

そんなことを考えながら本書を執筆しました。知らない言葉が知っている言葉と結びつき、あなたの感情と思考が少しずつ遠くへ広がることを願っています。

現代文や小論文だけでなく、さまざまな学問も音楽も絵画も小説も、世界や真実をどんなふうに読解するのかということが出発点でしょう。

そして、この世界の中の自分を充分に表現できるようになったとき、自分がこの世界に生きていることを全身で感謝できる気がします。

ぼくもそうなれるようにと願い続けています。あなたもあきらめず、試し続けてください。

霜 栄 より

序章　現代とはどんな時代だろう？

入試 現代文や小論文で出題される論説文・評論文は現代について語るものが多い。現代を理解するには、中世（前近代）→近代→現代（脱近代）という流れを捉えておくことが有効である。この章では、解らない箇所があっても無理に全てを解ろうとする必要はない。通読することで、前近代や近代とは異なる現代の特徴がイメージできればいい。まずは気楽に読んでいこう！

◆序章◆ 現代とはどんな時代だろう？

1 脱近代（＝ポストモダン）という背景

「グローバリズム」とか「情報社会」とか、そういった言葉を聞く機会が増えている。現代という時代について、あちらこちらで、さまざまなことが語られる。

もちろんいつの時代も、何らかの変化があったに違いないし、自分の生きている現代が、誰にとっても特別な時代であることは間違いないだろう。

だが、どうもそれだけではないという認識が、広く行き渡っているようだ。

現代の社会は、**近代に生み出されたシステムに依存しているが、その近代の理想を実現できないばかりか、むしろその問題点が露呈し、近代のシステム自体も破綻をきたしている**のではないか、といった認識である。

このことは、入試で出題される文章にも大きな影響を及ぼしている。

以前に較べると、入試の現代文や小論文に出題される問題文の内容は、複雑で難解なものになっており、現代文や小論文が多くの受験生の苦手科目とさえなっている。

特に一九八〇年代後半に「**ポストモダン（＝脱近代）**」という言葉が盛んに使われるようになって以来、その傾向は顕著である。これまで**絶対的で普遍的に正しい**とされてきた多くの考え方や価値観が、実は「**近代**」という特定の時代に作られ信じ込まれてきたものにすぎないとして、

8

相対化されるようになった。そういった視点から、近代化が世界の隅々にまで行き渡って破綻した「現代」を検証し直そうとする立場と、もはや近代的知性が通用しない「現代」を近代の枠組を超える新たな思考で把握していこうとする立場の、主に二つの立場で語られる「現代思想」が登場し、さまざまな議論が続いている。

2 中世（前近代）→近代→現代（脱近代）

現代文や小論文は多くの場合、「現代」を問題にしている。

ところが、現代への理解は、脱「近代」などと言われることからもわかるように、近代への理解を前提とすることが多い。現代の学校も家庭も恋愛も、政治や経済や文化や学問のシステムも、近代に形成された考え方に基づいている。

したがって現代についての議論を理解するためには、まず近代がどんなシステムによってどんな理想を実現しようとしたかを知っておくことが有効となる。そして同時に、近代とは、中世との相対的な時代区分であることを意識しておくことも重要である。

西欧では、中世という時代の後に、ルネサンス、大航海時代、宗教改革などがあって、さらに市民革命と科学革命が起こることで、近代という時代が成立したとされるが、現代はその近

◆序章◆ 現代とはどんな時代だろう？

代の生み出したシステムが世界的に行き渡って破綻し始めた時代であると言えよう。脱近代（＝ポストモダン）の語源である建築におけるポストモダニズムが、**機能性と合理性**を追求したモダニズム建築（＝**近代の建築**）に対する批判として現れ、近代化によって切り捨てられた多様性や歴史性や装飾性の回復を特徴としたように、**現代思想としての脱近代（＝ポストモダン）**の考え方にも同様の傾向が見られる。

したがって、現代を脱近代（＝ポストモダン）と捉えることがどこまで有効かは別にしても、また、必ずしも均一に一方向に時代が流れていくわけではないことを確認しつつも、**中世（前近代）→近代→現代（脱近代）**という流れの中で、何が変わってきたのかということを知っておくことは、現代という時代を捉えるうえで重要だと思われる。

3 精神と物質

近代科学が生まれる以前のヨーロッパ中世には、**錬金術**というものがあった。錬金術師はただ「金などの**物質**を作り出すこと」を目指していたのではない。彼らは「人間の魂や肉体を作り出すこと」をも目指していた。**ヨハン・ゲーテ**の『**ファウスト**』などを読めば解るように、中世の人々は、**物質と精神、魂と肉体を分けて考えるのではなく、両者を不可分な一体のもの**

10

序章 現代とは？

と感じていた。したがって、彼らにとっての自然は、精神と個性をもつ存在でもあった。

それに対して近代科学は、精神と物質を分けて別の存在と捉える。近代科学はガリレオ・ガリレイがカトリック教会の教えに反して「それでも地球は動く」（地動説）と自然界の真実を唱え、ルネ・デカルトが物心二元論を主張し、アイザック・ニュートンが物質世界はすべて自然法則に支配されているとしたことによって確立されていった。

近代科学の登場により、精神と物質が融合した神話の世界は壊れ、精神と切り離して物質は物質としてだけ見られるようになる。この近代科学の見方が資本主義と結びつき、特に欧米諸国は、資本となる物質を求めて世界を支配しようと争った（植民地主義）。

近代科学の自然観により、世界も自然も人間の肉体も、精神性を剥奪され、自然法則に従って作動する一種の機械と見なされるようになり（機械論）、さらに近代の人間が伝統的な共同体から遊離した無個性な個としての労働力と見なされるのに呼応して、自然もまた無個性な原子（原子論）に還元できる（還元主義・要素論）資源と見なされるようになった。

現代の情報社会では、世界はデジタル情報によって一元化され、物の総体ではなく関係の総体であるとされている。また生態系（＝エコシステム）は、個体に還元できない有機的な関係性をもつ存在だが、それが近代の自然観によって破壊されたと考えられるため、現代では全体的関係に基づいて世界を把握する（システム論）ことが要請されている。

◆序章◆ 現代とはどんな時代だろう？

身体もまた精神と肉体（＝物質）の一体化したものと捉えることの重要性が強調されるようになった。人間の世界認識においては、**精神**や**理性**よりも環境とつながった**身体**を根本とするべきだと考えられ、**身体は精神によって統御されるものではない**ことも明らかになってきている。

4 人生の物語

精神と物質が一体のものとして捉えられていた中世においては、人々は**地縁・血縁**を基盤としながら、大きな権力である教会（ヨーロッパ）や家制度（日本）、先祖から受け継いだ言い伝えや村の掟に従って生きていた。そうしたものに従うことが人生であり、それこそが立派な人生の**物語**とされた。たとえば村の鍛冶屋の息子に生まれたならば、村の鍛冶屋として生きていくことが、神の意志に適（かな）うことであり、自分が帰属する家を支えていくことになるから、正しい人生だというように考えられた。

ところが**近代**になると、身分制度が撤廃され、職業選択や土地売買の自由化が進んだ。また、交通や通信網が発達し、これまでの**地縁**も**血縁**も薄らいでいった。人間は自然発生的な共同体を離れて人為的に作られた都市に集まるようになった。そして、**宗教**や**伝統**に代わって、**国家**やマスコミが人々に生きていくための「**大きな物語**」を提供し始める。

序章 現代とは？

国家のために尽くすことはすばらしいとか、よりよい社会のために努力することには価値があるといった「**大きな物語**」が人々に与えられ、未来の目的に向かって生きることが望ましい人生の**物語**とされる。人々はそれに合わせて、自分の生活・目標という「**小さな物語**」の実現を目指すようになった。

ところが現代は、大きな人生の物語が信じられなくなっている。何が国家のためになるのか、よりよい社会とはどんなものなのか、一人一人の考えが違っている。誰かの理想は、別の誰かにとって悪夢であるかもしれない。また、**国家**はけっして多数の国民のために動くわけではなく、よりよい社会は全ての**個人**にとってよりよいものとは限らない。

だから誰もが自分で選んだ「**小さな物語**」だけを生きることを認め合い、異なる他者とどうやって共存していくかが求められるようになってきている。

5 社会の構造

前近代の社会は、教会や皇帝や将軍といった、大きな権威が頂上にそびえるピラミッド型の階層社会だった。基本的に人々はそれぞれの階層の中だけで、それぞれ安定し決まった人生の物語を生きていた。**地縁・血縁**で結びついた**共同体**が、自分が何者かという「**私**」の存在基盤

◆序章◆ 現代とはどんな時代だろう？

と不可分であった。

ところがやがて西欧では、法王から絶対君主へと権威は脱宗教化し、さらに市民革命によってそれも否定され、人々は階層においても空間においても自由に移動するようになった。ピラミッドの頂点に君臨していた権威が落下し、社会は均一的な平面となった結果、さまざまな分野で人々が激しく行きかい競争し合い、今度は権力や資本の集中する頂点や外部は存在しない中心に引き寄せられ、地位や立場の上昇を求めたが、もはや絶対的な中心は存在しない（クラインの壺 p.30）ため、人々の生のあり方が不安定化したと言えよう。国家はさらに中心化を推し進めて権力を集中させ、マスコミはそれを取り上げることで共通の国民意識を生み出した。

また一方で、近代は個人主義の時代でもある。伝統的な共同体から遊離した人々は、個人としての自律性や主体性をもって一貫性ある内面をもって生きるべきだとされるようになった。個人もまた内面において、自我を中心として自らが個性的な生やアイデンティティを形作っていくことを求めたのである（自我中心主義）。

ところが現代は情報社会である。デジタル情報はオリジナルとコピー、中心と周縁といった価値の落差をも解消し、世界を脱中心化する。インターネットなどがもたらすデジタルなネットワークが広がり「権力」として働く。

序章 現代とは?

この権力は、前近代の神や王といった特別な存在と結びついたものではないし、また、近代の国家や警察権力のように可視的で固定的なものでもない。もはや社会の中心は希薄化している。**個人の中心**としての**自我の主体性**もまた、**身体**へと分散し脱中心化する。自律的な精神や意識が**身体**や感情を統御しているのではなく、むしろ**身体**や無意識こそが人間を動かすものであるという見方が生まれ、さらには意識や**精神**も個人内部の固定的な**実体**ではなく、情報ネットワークや環境における一つの結び目（＝一結節点）として外部に開かれたものだという捉え方も現れてきた。

現代の**情報社会**では、家族も仲間も恋人も、たとえ切り離された別の場所にいたとしても、発達したメディアによって、いつでもまた再びつながることができる。そしてだからこそ、人々は頻繁なコミュニケーションを交わしながら同時に**離散**するとともに、容易に遠い外部の他者とも自由に交通するようになった。

前近代なら共同体の神話や宗教が語っていた自分が何者かという来歴も、**近代**なら**国民国家**や**マスコミ**が与えていた**個人**の核も、現代ではもはや見当たらない。だから頂点も中心もない世界に生きる現代の人間は、それぞればらばらにネットワークの中を動き回りながら、あちらこちらでさまざまな役割を果たし、さまざまなキャラを演じることで、擬似的な**自己**を搔き集めて自己確認を行おうとしている。

6 共同体の変遷

前近代の共同体は、生まれながらの**地縁・血縁**などに基づく共同社会（**ゲマインシャフト**）であり、それはきわめて緊密な構造をもつものであった。中世という時代の社会基盤を作っていたのは**封建制**である。西欧には国王、諸侯、騎士、教会などの領主が農奴に土地を与えてそこに彼らを束縛し、軍役の奉仕も行わせるという主従制度があった。人々は生まれながらの共同体を離れて生きていくことが難しかった。

しかし、**近代**になって、労働力を**資本**とする**資本主義**や、**個人の自由**を尊ぶ**個人主義**が生まれると、人々は**自由**を抑圧する共同社会を嫌い、あるいは何とか生き延びるために労働力として都会へ移動していった。

こうして中世の共同体社会は崩壊し、大都会に見られるような、契約的な関係において人為的に作られる利益社会（**ゲゼルシャフト**）という共同体が成立した。

近代になると、教会や寺院ではなく、たくさんの工場や精神病院が建てられるようになる。工場は労働者に、規律に従って勤勉に働くことを要求し、また、民主主義という政治体制は市民に、**理性**に従って行動することを要求する。こうしてしだいに、勤勉で理性的であることを当然とする近代の標準的な人間像が形成されていった。

序章 現代とは？

近代初期の西欧では、働かない怠惰な人間もまた精神病院に収容されていた。つまり、労働こそが**理性**に適う正常な行為であり、怠惰は**狂気**と同様の異常な性格と考えられたのである。〈労働／怠惰〉〈理性／狂気〉という二項対立が〈正常／異常〉という優劣＝落差のある二項対立に重ねられ、こうした二項対立が近代社会を構成する支配的価値観となったのである。工場労働の理想が**市民社会**の理想のモデルとなったとも言えよう。

しかしもはや工場における製造業を中心とする産業社会（＝**工業社会**）から情報や知識・サービスが重要視される**脱工業化社会**（＝**ポスト工業化社会**）に移行した現代においては、理性だけが正常であり、勤勉に労働することが正常だとする近代的な価値観を信奉することへの疑いが生じている。そこには**自然**というものにつながって生きる、**理性**を超えた**身体**や**狂気**が欠けているからだ。モノの生産を中心とする産業社会（＝**工業社会**）が、サービスやイメージの消費を求める**消費社会**へと転回したとも言われ、**理性、規律、勤勉**にのみ価値を置く近代の人間像は、時代に合わないものとなりつつある。

しかしまた一方で、現代の人間は、あまりに合理化・情報化された利益社会の中で安らぎを得ることが難しくなっている。そのため人々は、**インターネット**やメールやツイッターなども駆使しながら私的な**ネットワーク**を形成し、また、それぞれの趣味やゲームなどを通じて、利益と離れた、仲間意識に基づく新たな**コミュニティ**（＝**共同体**）の形成に向かっている。

◆序章◆ 現代とはどんな時代だろう？

7 時間の変遷

前近代においては、時間はいわば自分の存在を証明するようなものとしてあった。「今はむかし…」という物語の書き出しに見られるように、自分が向いている時間である「向かし（昔）」が大切であった。その物語の時間は、自分の来歴、自分がどういう存在であるかという基盤を語るためのものだからである。時間とは、自分を生み出した先祖とのつながりや自分を受け継ぐ子孫とのつながりを意味するものだった。

前近代は農業が中心の時代である。作物ごとに収穫までの時間がかかる。そして時間をかけるからこそ、作物が育つ。春に種を蒔（ま）き、夏に水をやって雑草をむしり、秋に刈って収穫を終え、また春に種を蒔く。そうやって季節とともに回帰する時間の中に、生活の時間もあった。

ところが近代になると、時計台が建てられて時間が可視化され、さらにはラジオやテレビなどのマスコミが時刻を時報で告げるようになる。そうした自分と直接結びつかない客観的な時間が生活の隅々にまで浸透してくる。誰もそれから逃れることはできない。それどころか、やがて家の中に柱時計や壁時計が持ち込まれ、ついには各個人が腕時計を装着し始めた。人々の生活は、学校、すべての国民が同じ客観的な時間に沿って行動するようになったのだ。

序章 現代とは？

工場、会社といった組織が定めるタイムテーブル（＝時刻表）に沿って営まれるようになった。

そして近代の中心的な産業である工業は、時間自体に農業のような意味を見出すことはない。むしろ、製品が作られる時間は少ないほど効率的でよいとされる。時間を自分の存在や生命とは無関係に直進するものと捉えたうえで、いかに能率的に時間を過ごすか、つまりなるべく時間をかけないことが重要となった。

近代はまた、進歩を信じた（**進歩主義**）時代でもあった。**科学技術**の発展や社会制度の改革がもたらす繁栄と幸福が、人類の目指すべき目標であり、**歴史**はそうした未来へ向けて進歩していくものだと考えられた。

ところが、産業構造における**脱工業化社会**（＝**ポスト工業化社会**）、同時に情報を資源とする**情報社会**となった現代では、個々の人間がネットワークの中でばらばらな**時間**を生きるようになった。**前近代**のように、過去からの**伝統**によって支えられるわけでもなく、**近代**のように未来の目的を信じて進むわけでもない。たとえば同じ17歳の生活、家族、学校、受験、恋愛、仲間といっても、それぞれにとって意味が違っているだろう。誰にでも当てはまるような中心的**イメージ**が存在しにくくなっている。

また、深刻化する環境問題、ソ連などの**社会主義体制**の崩壊は、**科学技術**の進展や社会制度の変革のもたらす未来が、必ずしも肯定的なものでないことも明らかにした。**デジタルメディ**

◆序章◆ 現代とはどんな時代だろう？

アは、遠く離れた場所にいる人々とのコミュニケーションを瞬時に可能にする一方で、あらゆる映像や音声をデータファイル化して、いつどこででも再生可能なものにする。まさに人間は時間をコントロールする能力を手に入れたとも言えよう。だが一方では、自然の時間、自然との付き合いの中で生きる生活の価値を再評価する動きも広がっている。現代人はばらばらの多様な時間、さまざまな時間感覚をもって生きるようになったのである。

8 記憶の変遷

中世の人間にとって、自分の時間は常に共同体の時間と結びついていた。だから彼らの記憶もまた、労働や祭りや儀式など、共同体の生活や神話や歴史と結びついたものであったに違いない。**前近代の神話や歴史**は、支配者や共同体の正統性を物語るものである。共同体の権威や集合は、死者から受け継がれてきたものだとされるが故に、正統と認められたのである。

ところが、**近代**ではさまざまな前近代の神話が壊れ、歴史も科学的研究の対象となった。国家やマスコミが人々の生の目的とすべき「**大きな物語**」を提供するようになった。それは時に応じて「国を守るために命を捧げよ」であったり、「経済成長のもたらす繁栄のために必死に働こう」であったり、「革命や政治改革のために社会運動をしよう」というものであったりした。

序章 現代とは？

人々は、社会は歴史の進歩によって発展するという国家やマスコミの与える「**大きな物語**」に寄り添いつつ、自分にふさわしい記憶、思い出になるような「**小さな物語**」を生きていこうとした。学校や会社や家庭の中での役割、家族や恋人や仲間との思い出が重要となる。自分という存在の**内面**を支えてくれるのは、特別と思える家族、恋人、仲間と特別な**時間**を過ごしたという記憶の存在であっただろう。

しかし現代では、国民の大多数を束ねるスローガンとなるような「**大きな物語**」は成立しにくくなっており、過去から未来へ一様に**時間**が流れていくという印象すら薄れてきている。現代は**情報社会**である。自分で切り取った情報を組み合わせて、つまりアイテムとして、自分なりの過去から未来へ、ときには未来から過去へと伸びる**時間**を編んでいくしかない。携帯電話やパソコンの中のメールや写真は**物質**として古びることはない。昨日撮った写真と遠い過去の写真を隣に並べることもできるし、順序を替えることも可能だ。いわば昨日の想い出と遠い過去の想い出とを同列に並べることも可能となった。**物質**である紙製のラブレターや書籍は古びて黄ばむけれど、メールや**デジタル**写真は古びることもない。

受信メール一覧には、嬉しい出会いの過去メールも悲しいお別れの過去メールも、あるいは昔の大切な保護メールも一緒に並んでいるだろう。送信メール一覧には、過去メールとともに未送信の未来保護メールも未来メールも並んでいるかもしれない。現代において元カレや元カノという存在が成

◆序章◆ 現代とはどんな時代だろう？

9 空間の変遷

立する理由もまた、そんなところにあるのかもしれない。

中世の世界を構成していた基本単位は、村落共同体や封建領主のいる王国や藩などであり、必要な物資の交換、好奇心に基づく旅や文化の伝播(でんぱ)も行われてはいたが、それぞれ異なる価値観やさまざまな**文化**が同列に並んでいたと言える。

しかしそういった**空間**が、近代の**自然科学**の登場によって大きく様変わりした。**自然科学**は、世界の**空間**を一つの基準によって計り尽くすことを可能にする。世界中の**物質**を資源として捉え、科学をもった西欧の世界観が世界の**周縁**にまで達した。世界は**西欧的**な視点に基づいて一つのものとして閉ざされたのだ。

近代的な視点をもった**国家**に対して、それをもたない**前近代的な王国**に勝ち目はなかった。視野の広さは力なのである。

近代世界の**空間**を構成するのは**国民国家**である。ナポレオンが率いるフランス軍が強かったのは、彼の才能は別にして、近代的な**国民国家**の軍隊として戦争していたからである。王や封建領主などに金で雇われている**前近代**の軍隊とは決定的に士気が違っていた。自分の**国家**、自

序章 現代とは？

分の土地や家族を守るために戦っているからである。マスコミによって、戦争という同じ国家的な重要事件を見ている集団＝国民が世界中で創られていった。**近代**においては、国民全員が戦争に動員されるのは当然だという**イデオロギー**も広がったのである。

また**近代**においては、ダーウィンの進化論が西欧の世界観と結びつけられ、生物が進化するように人間もまた進化するという考え方も生まれた。さまざまな**文化**の相違は、進化しているように**文化**と進化していない**文化**の差とされたのである。つまり西欧に近い**文化**は進化しているが、遠い**文化**は遅れているという序列化である。

現代は近代化が世界の隅々にまで達し、**構造主義**などの登場によって、このような**西洋中心主義**に対する批判や反省がなされるようになった時代である。さらに電子メディアによるネットワークが、物理的な**空間**とは別に、**網の目**状に世界中に張り巡らされ、情報も**資本**も、そして人間も容易に国境を越えて移動していく。

現代の人間は、物理的な**空間**を超える多層化した個人的な**空間**を生きている。別の**空間**で演奏された音楽を聴きつつ、別の**空間**にいる仲間とメールをやり取りしながら、発達した交通機関によって無機質な**空間**を高速で移動していく。家族や仲間や恋人と一緒にいても、別の場所にいる人間とメールをやり取りする。**身体**で共有している**空間**にヒビを入れつつ、別の誰かとの仮想空間を思い浮かべて生きるのだ。

◆序章◆ 現代とはどんな時代だろう？

つまり、**精神**から**身体**へと分散した**主体性**は、今度は逆にネットメディアの中で脱身体化し、さらにいっそう分散化していくのである。

前近代では、**混沌**とした世界の中で過去の**伝統**に依拠して自分たちの**秩序**をいかに維持していくかということが重要な課題であった。ところが**近代**になって、自分たちの**国家**の内側と外側、自国民と他国民を峻別する**国民国家**やそれに依拠した**ナショナリズム**、**自己**の内側と外側、自分と他人の違いを強調する**個人主義**や**個人**の**アイデンティティ**が重視されるようになった。

それに対して現代では、**国家**に依拠しない**NGO**や多国籍企業、民族や**国家**を越境する**文化**や芸術、自己と他者をつなぐ**コミュニティ**（＝共同体）の存在などが注目されるようになっている。

10 国家の変遷

中世の世界には、たくさんの王国があったが、その多くは宗教的な権威と関わっていた。西欧では、**カトリック教会**の頂点に立つローマ法王に認められて初めて国王となることができたし、その国王のもつ領地が王国とされた。日本でも天皇は主に文化的・宗教的権威として君臨してきたが、幕藩体制の頂点に立つ将軍もまた、たとえ形式的なこととはいえ、天皇に認めら

24

序章 現代とは？

れることを必要としていた。

一方で一般の人々は、年貢を納める領主を意識したとしても、自分がどこの国民であるかという意識をもつことはなかった。

ところが、たとえばフランス革命によって生まれた近代国家フランスは、神への信仰ではなく**理性**に基づく国民主権を宣言し、**自由**で平等な国民によって構成される**国民国家**であることを主張した。

もちろん現在の日本という**国家**も、中国という**国家**も、フランスと同じように、近代になって作られたものである。日本ではまず、明治維新によって中央集権的な国家体制が作られ、さらに日清戦争や日露戦争を通じて、外国と戦っている私たちは、私たちと戦っている彼らと違う、だから同じ日本人だという意識が**マスメディア**によって生み出された結果、**国民国家**としての日本が形成されていったのである。

しかし現代のように、情報も**資本**も人間も文化も、容易に国境を越えて移動するようになると、**国民国家**は**虚構**であると意識されるようになってきた。生活や産業などの基盤となるインフラの整備や、軍隊や警察などによる民衆の安全保持などの重要な役割を期待されつつも、もはや**国民国家**はかつてのような**絶対的**なものではなくなっている。

そうした状況下で、国民の意識がばらばらに解離していき、さらには**グローバリゼーション**

序章 現代とはどんな時代だろう？

によって世界が同質化されていく現状において、解体され押し潰されようとする伝統的な生活や文化、弱者を守る役目を担うのは、**国民国家**しかないとする**ナショナリズム**的な動向も目立ちつつある。

また一方では、欧州連合（＝EU）など**国民国家**を超える地域統合体、イスラムの宗派連合などが大きな存在となっている。地域社会などの共同体的な絆の再構築を目指す（**コミュニタリズム**）動きや、国境を越えて多くの人々がゆるやかに連帯することで超大国による世界の同質化に対抗する多様性（**マルチチュード**）を実現しようといった思想も現れてきている。

11 芸術の変遷

前近代における芸術は、宗教や権威と結びつくことが多かった。寺院や教会や城にこそ見るべき建築や絵画があり、特に西欧ではたくさんの宗教音楽が作られた。それらは神や仏を賛美するものとして、また王や貴族、将軍や大名たちの屋敷を飾り、その権威を高めるものとして機能してきた。

ところが**近代における芸術**は、自律性と**完結性**をもち始める。音楽、美術、文学といったジャンルの中で自律し、**日常**とは異なる非日常的な作品として完結していることが求められるよう

序章 現代とは？

12 世界観の変遷

　前近代の人々は、いわば神話的世界に生きていた。日本では古来から、たとえば雷は雷神によるものであり、風は風神によるものとされてきたし、西洋では神学を中心として、錬金術や占星術なども真理を語る学問とされてきた。人々は世界全体をひとつの生命のようなものと考え、いわば魔術的な世界観の中で生きていたのである。

　前近代における宗教性、近代における自律性や完結性ではなく、現代の芸術に求められるのは、人と人とを出会わせてつなぐというメディアとしての価値だと言えるだろう。

　創造されていくプロセスをひっくるめた芸術現象を発信しようという方向性が見られる。日常的な場所や宗教的な場所でのライブ、インターネットを利用した新たなイベントや配信、美術家と音楽家の、あるいは芸術家と科学者、アーティストとリスナーとのコラボレーション、しかし、現代においては、さまざまな芸術現象が現れるようになった。ジャンルを越境した

美の対象となった。そのことを通して芸術は、人間中心主義を支える役目を果たしたのである。版されるようになる。そこには自律し完結した作者（＝人間）の個性、天才があるとされ、賛になった。美術館やオペラハウスやコンサートホールが建てられ、印刷された書籍が大量に出

◆序章◆　現代とはどんな時代だろう？

ところが、一七世紀に**科学革命**が起こり、世界全体は機械のようなものと考えられるようになった（**機械論**）。人々は魔術的な世界を脱し（**脱魔術化**）、近代が成立したのである。学問は科学という形を取り、信仰ではなく**理性**に基づいて体系化されていった。人間や社会は**理性**を拡大することで進歩するという**啓蒙主義**が肯定され、また産業革命によって**資本主義**が発展し、これまでにない**物質的**な豊かさがもたらされた。

ところが、**理性**を拡大し豊かさを手にしたはずの近代世界を待っていたのは、世界戦争であり、大量殺戮であり、環境破壊であった。

一九八〇年代後半に**ポストモダン**（＝**脱近代**）の時代ということが盛んに言われるようになるが、特に米ソの**冷戦構造**が**終焉**後、歴史の進歩はなく（**歴史の終焉**）、歴史は共同体によって更新されていく**物語**だったという考え方が生まれた。現代では、**グローバリズム**という形でなおも世界の近代化を推し進めるアメリカという超大国と、**前近代的**なイスラム原理主義者をはじめとするさまざまなグループという、これまでにない新たな形での対立も生じている。

また、**ヴァーチャル**な世界の拡大が、**資本主義**に基づく経済活動や消費行動において混乱を引き起こすとともに、**アート**（＝**芸術**）やゲームにおいては、**近代**の**理性**への信仰によって切り捨てられた、精霊や神話的存在などを想定したものも多く見られる。現代は再び、魔術的な世界観の中に入りつつある（**再魔術化**）とも言えるだろう。

序章 現代とは？

13 混沌の現代

前近代の固定された階級社会の中では、人々は共同体の地縁・血縁に束縛されながらも、**共同体の神話や宗教**を信じ、安定と安心感を得ることができた。

それに対して近代の競争社会の中では、人々は孤立と不安を抱きながらも、**国民国家や未来の繁栄**を信じ、**自由と解放感**を手にすることができただろう。

それに対して現代は、それぞれがばらばらに何かを選び取るしかなく、さまざまなメディアツールによってつまみ食いの安楽と一時の安らぎを求める**混沌**とした時代である。

現代は**テクノロジー**の進展による社会変化がすさまじい。さまざまな思想的試みも政治的システムも、人々の倫理観や人生観も、その動きに追いつくことができない。だから現代は**混沌**としたものにならざるをえないのだ。

本章では、西欧の社会変化を軸に、**中世（前近代）→近代→現代（脱近代）**という流れを追ってきた。だが実際には、**脱近代**が論じられる一方で、日本など急激な近代化を遂げた社会には、今もまだ**前近代**的な要素が残存しており、また現在も必死に近代化を目指している社会や、逆に西欧的近代化を拒絶している社会もあり、それらが混在する現代は、きわめて**混沌**としているというのが実情である。

29

◆序章◆ 現代とはどんな時代だろう？

☆思想チャート

項目＼時代	中世 前近代（プレモダン）	近代 モダン	現代 脱近代（ポストモダン）	参照
精神と物質	精神的・個性的存在 不可分で一体	物心二元論・資源重視	一体化・身体重視	1・2
自然観		機械論・原子論・還元主義	生態系・システム論	3
人生の物語	共同体の神話・宗教に従って歴史・伝統から自分の来歴を得る	国家やマスコミの大きな物語に沿って小さな物語を生き個人の核を得る	自分だけの小さな物語をネットワークの中で模索し自己確認を行う	3
主体性	共同体・教会・家制度に従属 地縁・血縁・伝統と不可分	個人の内面重視 自ら個性を求める**自我中心主義**	他者と共生するネットワーク 自我から身体化→**脱身体化**	4・8
社会の構造	ピラミッド型（法王・君主などが頂上に位置し、人々は各階層に固定される） 法王・君主／階層	クラインの壺（人々は地位・立場の上昇を目指すが、頂点がないため不安定で底面に戻る） 中心／周縁	ネットワーク型（個人は**網の目**状の権力に組み込まれ、結び目として外部に開く） 個人（結び目）	5・9

序章 現代とは？

社会の特徴	絶対的権威が頂上に君臨する安定した階層社会	自己の権力・資本の獲得を目指す中心志向の不安定な競争社会	デジタル化により脱中心化して多様な方向に広がる情報社会
中心産業	農業（第一次産業）	工業（第二次産業）	情報など（第三次産業）
共同体	自然発生的で緊密な共同社会（ゲマインシャフト）	人為的な契約に基づく利益社会（ゲゼルシャフト）	私的なネットワークに基づくコミュニティ
時間	自分の存在基盤を語る回帰的な時間	歴史の進歩によって発展する直線的な時間	進歩はなく（歴史の終焉）、各個人の解釈に基づくばらばらで多様な時間
歴史	神話・自己の来歴と不可分	理性の拡大（啓蒙主義）で進歩（進歩主義）	共同体が更新する物語
空間	村落共同体・王国・藩など	西欧的視点によって一元化	仮想空間・超大国・連合の登場
国家	宗教的権威に基づく王国など	国民意識に基づく国民国家	NGO・多国籍企業・グローバリゼーション
芸術	神仏・権威を賛美し、宗教性を特徴とする	人間中心主義を賛美し、自律性・完結性を特徴とする	創造のプロセスを重視し、メディア性を特徴とする
世界観	神話的・魔術的	機械論によって脱魔術化	ヴァーチャル世界の拡大によって再魔術化
心情的要素	束縛と安心感	不安と解放感	一時的な安らぎを求める混沌
	13	12	11
			10
			9
			7・12
			7・8
			6
			6・7
			5・13

第1章 センター小説対策500

1 感情・日常表現の重要語 275
2 熟語・慣用表現の重要語 225

センター試験の語意問題は、意外なほどミスをする受験生が多い。本章では実際にセンター試験で出題された語意を含め、類似の語意問題を数多く解いてもらえるように、上段の言葉5つと下段の選択肢5つとを結びつける方式を採用して正確な語意の定着に配慮した。実際のセンター試験でも文脈を踏まえた上で、語意の知識を優先して答えることが重要である。また、下欄にある解答だけでなく、同、派、関、対、異などにも注意し、言葉の関連性を捉え、知らない語意への推理力も身につけて欲しい。

1 センター小説対策500

感情・日常表現の重要語275 ①

語句の意味として最も適当なものを、次の各群の①〜⑤のうちから、それぞれ一つずつ選べ（ただし太字はセンター・共通一次試験既出。なるべく選択肢に頼らずに、自分で意味を言えるようにしよう）。

□1 **屈託（くったく）なく**
　① 相手の区別もなく
　② 反対の意見もなく
　③ 途切れることもなく
　④ 何のこだわりもなく
　⑤ 手間取ることもなく

□2 **異存（いぞん）なく**
　① 相手の区別もなく
　② 反対の意見もなく
　③ 途切れることもなく
　④ 何のこだわりもなく
　⑤ 手間取ることもなく

□3 **間断（かんだん）なく**
　① 相手の区別もなく
　② 反対の意見もなく
　③ 途切れることもなく
　④ 何のこだわりもなく
　⑤ 手間取ることもなく

□4 **造作（ぞうさ）なく**
　① 相手の区別もなく
　② 反対の意見もなく
　③ 途切れることもなく
　④ 何のこだわりもなく
　⑤ 手間取ることもなく

□5 **誰彼（だれかれ）なく**
　① 相手の区別もなく
　② 反対の意見もなく
　③ 途切れることもなく
　④ 何のこだわりもなく
　⑤ 手間取ることもなく

□6 **是非（ぜひ）なく**
　① 遠慮せず・はばからず
　② 愛想がなく・つれなく
　③ やむをえず・仕方なく
　④ いろいろと・定まることなく
　⑤ 常に・始終

□7 **忌憚（きたん）なく**
　① 遠慮せず・はばからず
　② 愛想がなく・つれなく
　③ やむをえず・仕方なく
　④ いろいろと・定まることなく
　⑤ 常に・始終

□8 **素気（すげ）なく**
　① 遠慮せず・はばからず
　② 愛想がなく・つれなく
　③ やむをえず・仕方なく
　④ いろいろと・定まることなく
　⑤ 常に・始終

□9 **いつとなく**
　① 遠慮せず・はばからず
　② 愛想がなく・つれなく
　③ やむをえず・仕方なく
　④ いろいろと・定まることなく
　⑤ 常に・始終

□10 **何（なに）くれとなく**
　① 遠慮せず・はばからず
　② 愛想がなく・つれなく
　③ やむをえず・仕方なく
　④ いろいろと・定まることなく
　⑤ 常に・始終

解答・ポイント

1 ④「笑う」屈託＝こだわり
2 ①「助ける」誰か彼かに関係がなく
3 ③「続く」間断＝断絶する間
4 ⑤「やりとげる」同 雑作なく
5 ②「賛成する」異存＝異なった所存（意見）異依存（他に頼って存在する）
6 ③「断念する」是非＝よしあし
7 ②「答える」同 素っ気なく
8 ①「ご意見を…」忌憚＝遠慮
9 ⑤「気に掛けてくれてありがとう」
10 ④「世話を焼いてくれたのに残念」

1. 感情・日常表現の重要語275

第1章 センター小説対策

- □ 11 他意(たい)なく ① することなどが何もなく
- □ 12 万遍(まんべん)なく ② 心に隠すことなどなく
- □ 13 所在(しょざい)なく ③ ゆき渡らない所などなく
- □ 14 腹蔵(ふくぞう)なく ④ 裏に含んだ考えなどなく
- □ 15 容赦(ようしゃ)なく ⑤ 遠慮することなどなく

- □ 16 余儀(よぎ)なく ① 見逃し許すことなどなく
- □ 17 仮借(かしゃく)なく ② やむをえず・他に方法がなく
- □ 18 幾許(いくばく)もなく ③ 無意識のうちに・夢中で
- □ 19 ゆくりなく ④ 思いがけず・偶然に
- □ 20 我(われ)にもなく ⑤ あまり時が経つことがなく

- □ 21 余念(よねん)なく ① 熱心に
- □ 22 仮借なく ② 無理やり
- □ 23 否応(いやおう)なく ③ 互角に
- □ 24 遺憾(いかん)なく ④ 十分に
- □ 25 遜色(そんしょく)なく ⑤ 予定通り

- 11 ④「質問する」他の意図がなく
- 12 ③「広げる」同遍く
- 13 ①「歩き回る」所在=存在する場所
- 14 ②「話す」腹の中に蔵することなく
- 15 ⑤「批判する」容赦=相手のあやまちを許容し赦(ゆる)す
- 16 ②「中止を—される」余=他のこと
- 17 ①「糾弾する」仮借=見逃す・許す
- 18 ⑤「到着した」幾許=どのくらい
- 19 ④「出会えたことを幸せに思う」
- 20 ③「取り乱すことになった」
- 21 ①「準備する」余念=他の考え
- 22 ④「発揮する」遺憾=残念
- 23 ②「従う」否応=不承知と承知
- 24 ⑤「支払う」遅れ滞(とどこお)ることなく
- 25 ③「活躍する」遜=ひけを取る

1 センター小説対策500

感情・日常表現の重要語275 ②

語句の意味として最も適当なものを、次の各群の①〜⑤のうちから、それぞれ一つずつ選べ（ただし太字はセンター・共通一次試験既出。なるべく選択肢に頼らずに、自分で意味を言えるようにしよう）。

□ 26 **おずおずとした**
① 静かでゆっくりな
② しまりがない・のろまな
③ 落ち着かないような
④ ためらうような
⑤ あふれこぼれそうな

□ 27 **おどおどとした**

□ 28 **そろそろとした**

□ 29 **なみなみとした**

□ 30 **ぐずぐずとした**

□ 31 **小ざっぱりした**
① 新しく見栄えする
② 清潔で感じがよい
③ おおざっぱである
④ わずかの・相当な
⑤ 断固として明確な

□ 32 **きっぱりとした**

□ 33 **ちょっとした**

□ 34 **ぱりっとした**

□ 35 **ざっくりとした**

解答・ポイント

26 ④「様子」〈怖ず怖ずとした〉
27 ③「顔つきで全てを打ち明けた」
28 ①「歩みでこちらに近づいてきた」
29 ⑤「水が目を切り裂くように輝く」
30 ②「行動は今や許されない」愚図は当て字
31 ②「身なりに好感をもった」
32 ⑤「態度で見事に断られたよ」
33 ④「工夫が必要ねと笑われた」
34 ①「服装がちょっと恥ずかしい」
35 ③「議論」ざっくりはざくり（力を込めて切る様子）を強めた語

1. 感情・日常表現の重要語275

36	逼塞した	① 行き詰まって余裕がない
37	通暁した	② 取り繕って立派に見せた
38	敷衍した	③ 落ちぶれて閉じこもった
39	逼迫した	④ 詳しくよく知りぬいた
40	粉飾した	⑤ 意味を広げて説明した
41	凛とした	① 態度がいかめしい
42	確とした	② つかみどころがない
43	漠とした	③ 思いがけない
44	ふとした	④ きりりと引き締まった
45	きっとした	⑤ はっきりとした
46	老成した	① 十分にできあがった
47	熟成した	② 年のわりに落ち着いた・経験を積んで巧みだ
48	集大成した	③ 使えるように作り上げた
49	造成した	④ 立派に成し遂げた
50	大成した	⑤ 体系的に一つにまとめた

---

36 ③「生活」逼=迫る・塞=塞がる
37 ②「決算」悪い意味で使う
38 ①「経営」逼=迫る
39 ⑤「宇宙にまで」話は退屈だった」
40 ④「茶道に―」夜を通して暁（夜明け）まで
41 ④「表情がまぶしい」
42 ⑤「証拠」≡確たる
43 ②「不安が胸を去らない」
44 ③「思いつきを口にした」
45 ①「口調で断るんだよ」〈屹度した〉屹=抜きん出てそびえる
46 ②「人物」老=経験を積んでいる
47 ①「酒」熟した状態に成った
48 ⑤「論文」集めて大きく成した
49 ③「宅地」使えるように造り成した
50 ④「研究を―」大きく成し遂げた

1 センター小説対策500

感情・日常表現の重要語 275 ①

語句の意味として最も適当なものを、次の各群の①～⑤のうちから、それぞれ一つずつ選べ（ただし太字はセンター・共通一次試験既出。なるべく選択肢に頼らずに、自分で意味を言えるようにしよう）。

□ 51 **慇懃（いんぎん）に**
① 素直に
② まじめでひたむきに
③ 人目を引いて
④ ゆったり落ち着いて
⑤ 丁寧に

□ 52 **真摯（しんし）に**
□ 53 **神妙（しんみょう）に**
□ 54 **鷹揚（おうよう）に**

□ 55 **伊達（だて）に**
① 悪賢（わるがし）く
② しつこく
③ 実際通りに
④ かたくなで道理がわからず
⑤ 神経質に

□ 56 **癇症（かんしょう）に**
□ 57 **如実（にょじつ）に**
□ 58 **頑迷（がんめい）に**
□ 59 **狡猾（こうかつ）に**
□ 60 **執拗（しつよう）に**

解答・ポイント

51 ⑤　「礼を言われちゃったよ」
52 ③　「長年やってないさ」
53 ①　「頭を下げておく」
54 ②　「取り組む」摯＝行き届く
55 ④　「構える」鷹が大空を飛ぶ様子から
56 ⑤　「掃除する」癇＝神経質
57 ③　「物語る」実際の如くに
58 ④　「断る」頑なだと読む
59 ①　「立ち回る」狡は狡い・狡いと使う
60 ②　「食い下がる」関執着（強く心をひかれとらわれる）

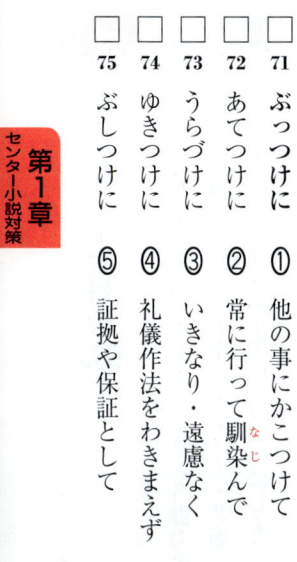

1．感情・日常表現の重要語275

61 端的に ① 経過や目的をぬきに判断して
62 間欠的に ② 緊張し感激させられる様子で
63 こうてき 公的に ③ 手短にはっきりと
64 劇的に ④ おおやけの立場から判断して
65 結果的に ⑤ 一定時間を空け繰り返して

66 やにわに ① 予想通りに・やっぱり
67 てんでに ② だしぬけに・その場で
68 ちなみに ③ ついでに・関連して
69 さすがに ④ めいめいに・各自に
70 つぶさに ⑤ 詳細に・細かく詳しく

71 ぶっつけに ① 他の事にかこつけて
72 あてつけに ② 常に行って馴染んで
73 うらづけに ③ いきなり・遠慮なく
74 ゆきつけに ④ 礼儀作法をわきまえず
75 ぶしつけに ⑤ 証拠や保証として

---

61 ③「言うと」端は端の意味
62 ⑤「噴き出す温泉」（＝間欠泉）
63 ④「発言する」公は公と読む
64 ②「変化する」同ドラマチックに
65 ①「うまくいく」結果のみについて問題にするときに使う
66 ②「口を開く」〈矢庭に〉
67 ④「歩き回る」異てんで＝まったく
68 ③「付け加えますと」〈因みに〉
69 ①「立派なものだ」〈流石に〉
70 ⑤「観察してみよう」〈具に〉
関詳らかに（詳しく明らかに）
71 ③「本題に入る」〈打っ付けに〉
72 ①「言う」〈当て付けに〉
73 ⑤「数値を出す」〈裏付けに〉
74 ②「している店」〈行き付けに〉
75 ④「口をはさむ」〈不躾に〉躾は本来からだを美しく飾る意味

1 センター小説対策500

感情・日常表現の重要語275 ④

語句の意味として最も適当なものを、次の各群の①〜⑤のうちから、それぞれ一つずつ選べ（ただし太字はセンター・共通一次試験既出。なるべく選択肢に頼らずに、自分で意味を言えるようにしよう）。

- □ 76 **過分(かぶん)な** ① あり余る
- □ 77 **過度(かど)な** ② 適切さを超えた
- □ 78 **過剰(かじょう)な** ③ 負担が大きすぎる
- □ 79 **過重(かじゅう)な** ④ 極端である
- □ 80 **過激(かげき)な** ⑤ 身に余る

- □ 81 **怪訝(けげん)な** ① 経験を積んでいて悪賢(わるがしこ)い
- □ 82 **不遜(ふそん)な** ② 不可解で納得のいかない
- □ 83 **邪険(じゃけん)な** ③ 外面に現れず解りにくい
- □ 84 **隠微(いんび)な** ④ おごりたかぶっている
- □ 85 **老獪(ろうかい)な** ⑤ 意地が悪く思いやりがない

▍解答・ポイント

76 ⑤「賞賛」身分に過ぎた扱いを受ける
77 ③「任務」重過ぎる
78 ①「自信」「発言」剰=あまる・あます
79 ②「期待」度を過ごした
80 ④「意見」対穏健な

81 ②「顔」怪しくて訝しい 関訝る p.46
82 ④「態度」遜=ひけを取る
83 ⑤「扱い」邪で険しい
84 ③「手段」隠れて微かにだけ現れる
85 ①「やり口」老=経験を積んでいる・獪=悪賢い

1．感情・日常表現の重要語275

- 86 殊勝な ① 深くうやまいつつしむ・神仏に帰依して仕える
- 87 敬虔な ② しずかでおだやかな・世の中が治まっている
- 88 朴訥な ③ さっぱりして気が利いている・あか抜けた
- 89 瀟洒 ④ 飾り気がなくて、話が下手な・無口な
- 90 静謐な ⑤ しっかりしていて健気な・もっともらしく神妙な

- 91 唐突な ① 頑固な
- 92 辛辣な ② 手厳しい
- 93 稀有な ③ 不意の
- 94 偏屈な ④ いい加減な
- 95 杜撰な ⑤ 珍しい

- 96 森厳な ① おごそかで心が引き締まる
- 97 謹厳な ② つつしみ深くおごそかな
- 98 厳格な ③ 威厳があって気高い
- 99 荘厳な ④ きびしく手加減しない
- 100 厳粛な ⑤ きわめておごそかな

- 86 ⑤「心がけ」殊＝特別だ しがたい
- 87 ①「信者」敬＝敬う・虔＝つつしむ
- 88 ④「人柄」朴＝飾り気がない
- 89 ③「住宅」瀟＝さっぱりしている
- 90 ②「空気」謐＝静か・穏やか・安らか

- 91 ③「結末に笑っちゃったよ」
- 92 ②「言葉」辛＝辛い・辣＝辛
- 93 ⑤「現象」稀に有る 同 希有な
- 94 ①「人間でして」偏りねじけた
- 95 ④「経営」宋の詩人杜黙の詩が多く律詩に合わなかったという故事から

- 96 ⑤「雰囲気」厳＝厳かな
- 97 ②「教師」厳＝厳かな
- 98 ④「家庭」厳＝厳しい
- 99 ③「神殿」関 荘重（厳かで重々しい）関 厳然（動か
- 100 ①「事実」厳＝厳かな

◆第1章◆ センター小説対策 500

1 センター小説対策500

感情・日常表現の重要語275 ⑤

語句の意味として最も適当なものを、次の各群の①〜⑤のうちから、それぞれ一つずつ選べ（ただし太字はセンター・共通一次試験既出。なるべく選択肢に頼らずに、自分で意味を言えるようにしよう）。

□ 101 些末（さまつ）
① 取るに足りないこと
② おろそかに扱う・質が悪いこと
③ はかない・取るに足りないこと
④ 大切なことを取るに足りないこと・初めと終わり
⑤ 上等でない・不手際（ふてぎわ）であること

□ 102 泡沫（ほうまつ）
□ 103 粗末（そまつ）
□ 104 御粗末（おそまつ）
□ 105 本末（ほんまつ）

□ 106 渾身（こんしん）
□ 107 前身（ぜんしん）
□ 108 化身（けしん）
□ 109 一身（いっしん）
□ 110 砕身（さいしん）

① 過去の形
② 体じゅう
③ 自分の体
④ 苦労すること
⑤ 生まれ変わり

〈解答・ポイント〉

101 ① 「―な欠点」些＝些か・少し 同 瑣末（さまつ）
102 ② 「―な小屋」粗＝粗い
103 ⑤ 「―な結果」謙遜・自嘲の気持ちで使う
104 ③ 〔会社〕泡のようだから
105 ④ 「―転倒」基本となる事と瑣末な事

106 ② 「―の力」渾＝すべて 同 満身 異 懇親
107 ① 「この会社の―」異 全身・前進
108 ⑤ 「悪の―」本来は神仏に使った
109 ③ 「―に背負う」異 一心（専念）
110 ④ 「粉骨―」（力の限り努力する）身を砕くことから 異 細心・最新

1. 感情・日常表現の重要語 275

111 放心
① 他人に害を与えようとすること
② 心を痛め悩ますこと
③ 今までのことを反省すること
④ 心を奪われてぼうっとなること
⑤ 心にかない満足に思うこと

112 会心
113 改心
114 腐心
115 悪心

116 難物
① 名誉や利益ばかり追う人
② 気立てのよい人
③ 扱いにくい人
④ ずば抜けてすぐれた人
⑤ 人間・性格・すぐれた人

117 好人物
118 傑物
119 人物
120 俗物

121 現金
① 分割して定期的に支払う金のこと
② お情けで与えるわずかな金のこと
③ わずかのうちに金持ちになること
④ めさきの状況によって態度や主張を露骨に変えること
⑤ 非常に価値の高いこと

122 掛け金
123 値千金
124 涙金
125 成金

---

111 ④「―状態」心が他へ放たれる
112 ⑤「―の作だと彼はほくそえんだ」
113 ③「―して出直して!」心を改める
114 ②「経営に―する」腐=悩ませる
115 ①「―を抱く」悪心（吐き気がすること）は別の語

116 ③「彼は―だ」取り扱い困難なもの
117 ④「稀代（世にも稀だ）の―」
118 ②「―と評される」好かれる人物
119 ⑤「一角の―」きわめて優れた人物
120 ①「根性―」俗人（風流を解さない・名誉や利益しか頭にない人）

121 ④「おまえは―な奴だな」
122 ⑤「保険の―なんて面倒なんだけど」
123 ①「彼は―の同点ゴールを奪った」
124 ②「―を渡されて帰ってきました」
125 ③「―趣味の抜けないおやじ」

1 センター小説対策500

感情・日常表現の重要語 275 ⑥

語句の意味として最も適当なものを、次の各群の①〜⑤のうちから、それぞれ一つずつ選べ（ただし太字はセンター・共通一次試験既出。なるべく選択肢に頼らずに、自分で意味を言えるようにしよう）。

□ 126 **あがなう**
① 供給して・限度内で、必要を満たす
② 埋め合わせをする・恩恵にむくいる
③ 傷つける・害する・悪い状態にする
④ さそい連れて行く・勧めて連れ出す
⑤ 買い求める・引き換える・罪をつぐなう

□ 127 **つぐなう**

□ 128 **いざなう**

□ 129 **まかなう**

□ 130 **そこなう**

□ 131 **面映ゆい（おもはゆい）**
① 申し訳ない
② 特に価値がある
③ てれくさい
④ ぶっそうな
⑤ もどかしい

□ 132 **目ぼしい（め）**

□ 133 **歯がゆい（は）**

□ 134 **心苦しい（こころぐる）**

□ 135 **きな臭い（くさ）**

解答・ポイント

126 ⑤「損失を—」〈贖（あがな）う〉
127 ①「寄付金で—」〈賄（まかな）う〉
128 ④「花見に—」〈誘（いざな）う〉
129 ②「罪を—」〈償（つぐな）う〉
130 ③「健康を—」〈損（そこ）なう〉
131 ③「ほめ言葉」面＝顔・映＝輝く
132 ②「他に—物はなかった」
133 ⑤「—思い」〈歯痒（はがゆ）い〉
134 ①「—までの厚遇を受けた」
135 ④「どことなく—人物」衣（きぬ）が燃えて臭いことが語源とも

1. 感情・日常表現の重要語275

136 おしなべて
① 十分に注意して
② やっと・ぎりぎり
③ 互いに作用して
④ ことに・特別に
⑤ 総じて・一様に

137 とりわけて
138 かろうじて
139 こころして
140 あいまって

141 かんがみて
① そのままにして・無視して
② ぜひ・じっくり
③ 振り返って・反省して
④ 照らし考えて
⑤ 特に問題として

142 とりたてて
143 おりいって
144 さしおいて
145 かえりみて

146 えてして
① 思いがけず
② やはり・本当に
③ このようにして
④ ともすると
⑤ 一般的にいって

147 ふとして
148 がいして
149 はたして
150 かくして

---

136 ⑤「成績は―良好だ」〈押し並べて〉
137 ①「掛かれよ」〈心して〉
138 ②「間に合った」〈辛うじて〉
139 ④「可愛がる」〈取り分けて〉
140 ③「両々―」（両方が互いに補いあって）〈相俟って〉
141 ④「判断する」〈鑑みて〉
142 ⑤「問題はない」〈取り立てて〉
143 ②「話がある」〈折り入って〉
144 ①「当人を―」〈差し置いて〉
145 ③「自分を―」〈顧みて〉（振り返って・反省して）
146 ④「失敗するものさ」〈得てして〉
147 ①「お目にかかれたなら」
148 ⑤「質が高い」〈概して〉
149 ②「どうなるか」〈果たして〉
150 ③「彼は―合格したのだった」

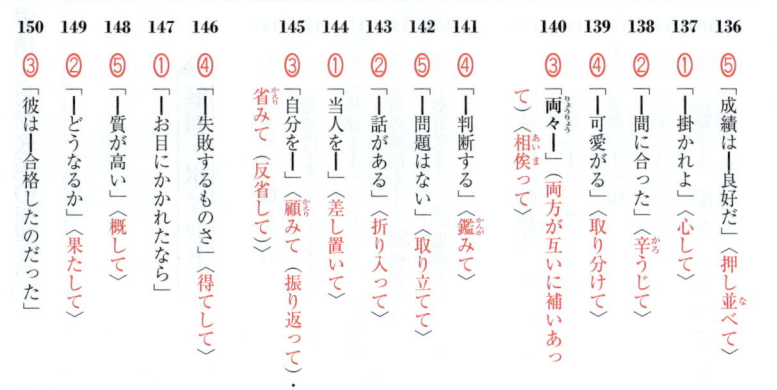

1 センター小説対策500 — 感情・日常表現の重要語275 ⑦

語句の意味として最も適当なものを、次の各群の①〜⑤のうちから、それぞれ一つずつ選べ（ただし太字はセンター・共通一次試験既出。なるべく選択肢に頼らずに、自分で意味を言えるようにしよう）。

151 **祟る**
152 与る
153 **慮る**
154 訴る
155 煽る

① はっきりしないので、変に・不審に思う
② 悪い影響を及ぼす・災いがふりかかる
③ 目上から好意や恩恵を受ける・関わる
④ 他人を刺激し行動に駆り立てる・動かす
⑤ あれこれ思いを巡らす・よくよく考える

156 **醸す**
157 促す
158 伍す
159 益す
160 冒す

① せきたてる・勧める
② 役立つ・ためになる
③ 徐々につくり出す
④ 乗り越える・損なう
⑤ 同等の位置に並ぶ

解答・ポイント

151 ②「無理が―」関 祟り目（災いにあう時）
152 ③「恩恵に―」ことしか考えない女
153 ⑤「世評を―」おもいはかるが語源
154 ①「彼の態度を―」関 怪訝な p.40
155 ④「購買欲を―」関 煽動する（人を煽って行動させる）
156 ③「物議を―」関 醸造（発酵で作る）
157 ①「参加を―」促進する×捉
158 ⑤「強豪に―」伍＝仲間
159 ②「社会に―」利益を与える
160 ④「危険を―」異 犯す（法・道徳を破る）

1．感情・日常表現の重要語275

- 161 掠（かす）める ① 力を加えて全体を曲げる・しならせる
- 162 崇（あが）める ② 望ましくないこととして注意し非難する
- 163 撓（たわ）める ③ 閉じて小さくする・先のほうを狭くする
- 164 窄（すぼ）める ④ 尊いものとして扱う・尊敬する・敬う
- 165 咎（とが）める ⑤ 一瞬おそう・触れそうに通り過ぎる・盗む

- 166 そがれる ① 勢いが弱められる
- 167 あぶれる ② 心がせきたてられる
- 168 こなれる ③ 熟練する・消化される
- 169 そがれる ④ （苦しいほど）恋い慕う
- 170 かられる ⑤ はみ出て不用になる

- 171 閉口（へいこう）する ① 閉じ込める
- 172 閉眼（へいがん）する ② 死ぬ
- 173 閉居（へいきょ）する ③ 閉ざされふさがる
- 174 閉塞（へいそく）する ④ 困りはてる
- 175 幽閉（ゆうへい）する ⑤ 閉じこもる

- 161 ⑤「脳裏を―」語源は霞むと同じ
- 162 ④「神を―」関 崇拝する（崇め敬う）
- 163 ① 「枝を―」撓＝撓
- 164 ③「口を―」窄は見窄（みすぼ）らしいにも使う
- 165 ②「発言を―」派 咎め立てする（必要以上に厳しく咎める）

- 166 ②「衝動に―」駆られる
- 167 ⑤「仕事に―」〈溢れる〉
- 168 ③「芸が―」〈熟れる〉
- 169 ①「やる気を―」〈殺がれる〉
- 170 ④「待ち―」〈焦（こ）がれる〉 恋い焦がれる などとも言う

- 171 ④「難題に―」口を強く閉じるから
- 172 ②「静かに―」眼を閉じるから
- 173 ⑤「長い間―」通常は家の中に
- 174 ③「状況が―」閉じて塞（ふさ）がる
- 175 ①「城に―」人と接触させないようにするニュアンス

1 センター小説対策500

感情・日常表現の重要語 275 ⑧

語句の意味として最も適当なものを、次の各群の①〜⑤のうちから、それぞれ一つずつ選べ（ただし太字はセンター・共通一次試験既出。なるべく選択肢に頼らずに、自分で意味を言えるようにしよう）。

□ 176 **みじんもない**
① 間違いない
② 少しもない
③ 理由などない
④ 相応（ふさわ）しくない
⑤ 有名である

□ 177 **いわれもない**

□ 178 **かくれもない**

□ 179 **まぎれもない**

□ 180 **あられもない**

□ 181 **おぼつかない**
① 頼りない・はっきりしない
② 感じが悪くていやである
③ なんとも言いようがない
④ 身にしみてありがたい
⑤ 必要とされない

□ 182 **いいしれない**

□ 183 **かくれもない**

□ 184 **まぎれもない**

□ 185 **かたじけない**

解答・ポイント

176 ②「そんな気は―」 微塵（みじん）＝細かい塵（ちり）

177 ①「―証拠」〈紛れもない〉

178 ⑤「―事実」〈隠れもない〉

179 ③「―中傷」謂れ（いわれ）＝理由・由緒（ゆいしょ）

180 ④「―姿」あられ＝動詞「あり」＋可能の助動詞「れる」 特に女性に使う

181 ①「―足取り」〈覚束ない〉

182 ⑤「私は―の」〈御呼びでない〉

183 ③「―喜び」〈言い知れない〉

184 ②「―人物」〈いけ好かない〉

185 ④「ご厚意―」過ぎた恩恵・好意を受けたときに使う

48

1. 感情・日常表現の重要語275

- □ 186 けたたましい
  - ① 窮屈な・ゆとりがない
  - ② 悔しく腹立ち癪に障る
  - ③ 生意気でさしでがましい
  - ④ 神経に障りやかましい
  - ⑤ 表立っていて華やかな

- □ 187 せせこましい
- □ 188 いまいましい
- □ 189 はれがましい
- □ 190 おこがましい

- □ 191 疎ましい
  - ① 官能的で心が乱れる・気持ちが晴れない
  - ② 遠慮深くてひかえめだ・質素
  - ③ 親しみを感じられずいとわしい
  - ④ 心が卑しい・みじめで見苦しい
  - ⑤ 見ていられないほど可哀そうだ

- □ 192 慎ましい
- □ 193 悩ましい
- □ 194 痛ましい
- □ 195 浅ましい

- □ 196 類のない
  - ① 無益な
  - ② はったりのない
  - ③ 限界のない
  - ④ 並はずれた
  - ⑤ 珍しい

- □ 197 詮のない
- □ 198 底のない
- □ 199 例のない
- □ 200 外連のない

- 186 ④「女は―笑い声をたてた」
- 187 ①「料簡（考え・気持ち）が―奴だな」
- 188 ②「―連中と組む」〈忌々しい〉
- 189 ⑤「―舞台」〈晴れがましい〉
- 190 ③「―まね」〈痴がましい〉痴＝馬鹿げていること・愚かなさま
- 191 ③「見るも―」疎む〈嫌がる〉が語源
- 192 ⑤「姿―」関痛感（心に強く感ずる）
- 193 ②「生活―」関慎重（軽々しくない）
- 194 ①「事態―」関苦悩（苦しみ悩む）
- 195 ④「争い―」関浅薄（知識や考えが浅く薄っぺらい）
- 196 ④「―才能」類＝類似したものの集合
- 197 ①「言っても―こと」詮＝効果
- 198 ③「現場には―闇が立ち込めていた」
- 199 ⑤「特捜部から逮捕者が出る―事件」
- 200 ②「―演技」派外連味（はったり・ごまかし）

1 センター小説対策500

感情・日常表現の重要語 275 ⑨

語句の意味として最も適当なものを、次の各群の①～⑤のうちから、それぞれ一つずつ選べ（ただし太字はセンター・共通一次試験既出。なるべく選択肢に頼らずに、自分で意味を言えるようにしよう）。

□ 201 **無闇(むやみ)と**
① うっとり・気持ちよく酔って
② うっとり・ぼけてぼんやりして
③ にわかに・たちまちにして
④ ところかまわず・度を越して
⑤ 厳かに・静かにかしこまって

□ 202 粛然と
□ 203 忽然(こつぜん)と
□ 204 恍惚(こうこつ)と
□ 205 陶然と

□ 206 陰々(いんいん)と
① 水が満ちあふれて・希望に満ちて
② かげりを帯びてさむざむと・かすかに
③ ひっそりと・おごそかに
④ 他人の言うことに逆らわずに従って
⑤ 途絶えることなく・ことこまかに

□ 207 粛々(しゅくしゅく)と
□ 208 綿々(めんめん)と
□ 209 洋々(ようよう)と
□ 210 諾々(だくだく)と

解答・ポイント

201 ④「話しかけるな」無闇は当て字
202 ⑤「襟を正す（かしこまった服装・態度を示す）」粛=ひっそりと静か
203 ②「した表情」悪い意味にも使う
204 ③「消えた奴は何者?」忽=忽ち
205 ①「した心持ちで夕日を眺めた」
206 ②「鐘の音が―響く」派 陰々滅々(めつめつ) p.73
207 ③「進む」粛=ひっそりと静か
208 ⑤「続く」関連綿と（連なって長く）
209 ①「前途―した若者」関 茫洋(ぼうよう)と（広々として）
210 ④「―働く」派 唯々諾々(だくだく)（少しも逆らわずに言いなりな様子）

1．感情・日常表現の重要語275

- □ 211 どんよりと
  - ① しばしば・むやみに
  - ② 思わずもれて
  - ③ どんなことでも
  - ④ どんなふうにも
  - ⑤ 濁って重苦しく
- □ 212 くすりと
- □ 213 どうなりと
- □ 214 なんなりと
- □ 215 しきりと
- □ 216 つくづくと
  - ① 平らで・あっさり・機会を狙って鋭く
  - ② 注意深くじっくりと・身にしみて深く
  - ③ 心に深くしみ入って・静かに落ち着いて
  - ④ 思いが胸に迫って・心がこもっていて
  - ⑤ 溢れて尽きず・身にしみて・静かに
- □ 217 しんしんと
- □ 218 せつせつと
- □ 219 しみじみと
- □ 220 たんたんと
- □ 221 さめざめと
  - ① 念入りに・よくよく
  - ② 心がふさいで晴れなくて
  - ③ 気のすむまで涙を流して
  - ④ 尽きることなく・真心込めて・意識なく
  - ⑤ 恥知らずで厚かましくて
- □ 222 うつうつと
- □ 223 つらつらと
- □ 224 ぬけぬけと
- □ 225 こんこんと

- 211 ⑤「した空」目・水・空気にも使う
- 212 ②「笑う娘」我慢・遠慮を前提に使う
- 213 ④「好きにしろ」主に命令文で使う
- 214 ③「ご相談下さい」〈何なりと〉
- 215 ①「振り返る彼」〈頻りと〉 頻は頻繁などで使う
- 216 ②「考えてみるに
- 217 ⑤「冷える」〈津々と・深々と〉
- 218 ④「訴える」〈切々と〉
- 219 ③「心に残る話」〈染み染みと〉
- 220 ①「した口調にいらつく」〈坦々と・淡々と・耽々と〉
- 221 ③「泣く彼女に言葉がなかった」
- 222 ②「して過ごす毎日」〈鬱々と〉
- 223 ①「考えてみるに」〈熟々と〉
- 224 ⑤「顔を出す」〈抜け抜けと〉
- 225 ④「湧き出る」〈滾々と・懇々と・昏々と〉

1 センター小説対策500

感情・日常表現の重要語275 ⑩

語句の意味として最も適当なものを、次の各群の①～⑤のうちから、それぞれ一つずつ選べ（ただし太字はセンター・共通一次試験既出。なるべく選択肢に頼らずに、自分で意味を言えるようにしよう）。

□ 226 **無量**（むりょう）
① 全く作為がない
② でたらめである
③ 洗練されてない
④ はかり知れない
⑤ 一度もなかった

□ 227 **未曾有**（みぞう）

□ 228 **無骨**（ぶこつ）

□ 229 **無何有**（むかう）

□ 230 **無稽**（むけい）

□ 231 **昵懇**（じっこん）
① あかぬけしていること
② 性質・人格を育てること
③ 親しい間柄・親しいこと
④ 何物にも縛られないこと
⑤ 奔放で束縛できないこと

□ 232 **不羈**（ふき）

□ 233 **洒脱**（しゃだつ）

□ 234 **陶冶**（とうや）

□ 235 **無碍**（むげ）

解答・ポイント

226 ④「感—」（身にしみて感じる）
227 ①「—の郷」（理想郷・ユートピア）
228 ③「—な男」≡ 武骨
229 ⑤「—の自然災害」×みぞゆう
230 ②「荒唐—」（根拠がなく現実性がない）
231 ③「—になる」≡ 懇意
232 ⑤「—の才」羈＝縛りつなぐ
233 ①「軽妙—」（軽やかで洒落た）×酒
234 ②「人格の—」陶器を作るように×治
235 ④「融通—」（何物にも縛られず自由だ）≡ 無礙（むげ）

1. 感情・日常表現の重要語 275

236 無聊（ぶりょう） ① でっちあげること
237 追従（ついしょう） ② 退屈さ・わだかまりがあって楽しまないこと
238 怯懦（きょうだ） ③ もつれ合い・相反する欲求があって迷うこと
239 捏造（ねつぞう） ④ 臆病で意志が弱いこと
240 葛藤（かっとう） ⑤ こびへつらうこと

241 権化（ごんげ） ① 自分の信念を曲げることのない強い気性
242 造詣（ぞうけい） ② 万物を創造すること・天地・自然・宇宙
243 気骨（きこつ） ③ 学問や技芸における深い知識や優れた技量
244 矜持（きょうじ） ④ 的確に具現したもの・仏や菩薩の仮の姿
245 造化（ぞうか） ⑤ 堂々と振る舞うこと・自由と誇り・プライド

246 頓狂（とんきょう） ① 気にする・深く心に掛ける
247 頓着（とんちゃく） ② 好奇心から変わったものを好む
248 頓挫（とんざ） ③ 芸道に徹する・常軌を逸する
249 風狂（ふうきょう） ④ 途中で、くじける・行き詰まる
250 酔狂（すいきょう） ⑤ あわてて調子はずれになっている

---

236 ②「─な毎日」聊＝楽しみ
237 ⑤「権力者に─する」追い従うから
238 ④「─な性格」怯＝怯える
239 ①「証拠を─する」捏＝捏ねる
240 ③「─を乗り越える」ツル植物の葛（かず）や藤がもつれ合うことから×闘

241 ④「悪の─」権（ごん）＝仮のもの・代用
242 ①「ある人物」詣＝詣でる
243 ②「─が深い」骨がある気性
244 ①「─を保つ」矜＝ほこる
245 ②「─の妙」化＝力によって影響が及ぶ・状態が変わる・化ける

246 ⑤「─な声」頓＝急に
247 ①「─しない」頓＝置く・掛ける
248 ④「─した計画」頓＝つまずく
249 ③「─な人」風雅に狂う（ひたりきる）
250 ②「─にも程がある」同 粋狂・酔興

1 センター小説対策500

感情・日常表現の重要語275 ⑪

語句の意味として最も適当なものを、次の各群の①〜⑤のうちから、それぞれ一つずつ選べ（ただし太字はセンター・共通一次試験既出。なるべく選択肢に頼らずに、自分で意味を言えるようにしよう）。

- □ 251 **夙**（つと）**に**
  - ① いつわりなく・ほんとうに
  - ② 何かあるたびに・いつでも
  - ③ とりわけ・とりたてて
  - ④ ずっと以前から・早くから
  - ⑤ ゆっくりと・ゆるやかに

- □ 252 **徐**（おもむろ）**に**

- □ 253 **誠**（まこと）**に**

- □ 254 **事毎に**（ことごとに）

- □ 255 **殊に**（ことに）

- □ 256 **うろ覚え**
  - ① 融通のきかないこと
  - ② 暗記すること・不確かな記憶
  - ③ 忘れないこと・記憶
  - ④ 覚えていること・メモ
  - ⑤ 不確かな記憶

- □ 257 **心覚え**（こころおぼえ）

- □ 258 **一つ覚え**（ひとつおぼえ）

- □ 259 **もの覚え**（ものおぼえ）

- □ 260 **空覚え**（そらおぼえ）

解答・ポイント

- 251 ④「知られていた」古文では朝早く
- 252 ③「優れている」同「異」（こと）に
- 253 ②「対立する」毎＝そのたびに
- 254 ①「申し訳ない」誠＝偽りない真心
- 255 ⑤「口を開いた」関徐々に〈ゆるやかに進み〉
- 256 ⑤「の単語」うろ＝空（から）になった内部
- 257 ④「の場所」心で覚えていること
- 258 ①「の説教」馬鹿にするときに使う
- 259 ③「が悪い」物事を覚えること
- 260 ②「の歌詞」空＝書いたものを見ずに記憶だけで行う

□ 261 **踏ん切り**(ふんぎり)
□ 262 大切り(おおぎり)
□ 263 撫で切り(なでぎり)
□ 264 乱切り(らんぎり)
□ 265 袈裟切り(けさぎり)

① 残らず切る・倒すこと
② 決心
③ 形をそろえず切ること
④ 斜め掛け・斜め切り
⑤ その日の最後の演目

□ 266 **うつろ**
□ 267 うろん
□ 268 よすが
□ 269 けなげ
□ 270 やたら

① 困難な状況で弱い者が懸命に努める
② 物事をするのにたよりとなること
③ むやみ・無茶苦茶・秩序や節度のない
④ ぼんやりと何も考えられない・何もない
⑤ 疑わしく怪しい・あやふやな様子である

□ 271 **あっけらかん**
□ 272 おためごかし
□ 273 ぼくねんじん
□ 274 とんちんかん
□ 275 とうへんぼく

① 相手のためと見せて自分の利益をはかること
② かまうことなく平然と・あきれてぽかんと
③ つじつまが合わないこと（をやる人）
④ 気が利かない人・わからずや
⑤ 無口で無愛想な人・わからずや

---

261 ②「ーがつかない」踏み切りの音便化
262 ⑤「本日のー」同 大喜利(おおぎり)
263 ①「敵をーにした」同 撫で斬り(なでぎり)
264 ③「大根のー」形を乱して切るから
265 ④「ーに振り下ろす」袈裟＝僧が左肩から右脇へ斜めにかける布
266 ④「ーな瞳」〈空ろ(うつろ)・虚ろ(うつろ)〉
267 ⑤「ーな目つき」〈胡乱(うろん)〉胡＝でたらめ
268 ②「故郷を忍ぶー」〈縁(よすが)・因(よすが)・便(よすが)〉
269 ①「ーに耐える」〈健気(けなげ)〉
270 ③「ーと吠える犬」〈矢鱈(やたら)〉は当て字
271 ②「へまをしてもーとしている」
272 ①「ーを言う」〈御為倒し(おためごかし)〉
273 ⑤「彼はーと思われている」〈朴念仁(ぼくねんじん)〉
274 ③「ーな受け答えがかわいい」〈頓珍漢(とんちんかん)〉
275 ④「ーだけど知識はやばいって」〈唐変木(とうへんぼく)〉

2 センター小説対策500

熟語・慣用表現の重要語225 ①

語句の意味として最も適当なものを、次の各群の①〜⑤のうちから、それぞれ一つずつ選べ（ただし太字はセンター・共通一次試験既出。なるべく選択肢に頼らずに、自分で意味を言えるようにしよう）。

- □ 276 眼（目）を開く
  - ① 初めて気づく
  - ② 目を見開く
  - ③ ひそかに行う
  - ④ 直視しない
  - ⑤ 信じられない
- □ 277 眼（目）を剝く
- □ 278 眼（目）を覆う
- □ 279 眼（目）を潜る
- □ 280 眼（目）を盗む
- □ 281 眼（目）を瞠る
- □ 282 眼（目）を瞑る
- □ 283 眼（目）を配る
- □ 284 眼（目）を疑う
- □ 285 眼（目）を細める
  - ① 眠る・知らないことにする
  - ② 驚きをもって目を見開く
  - ③ 嬉しそうに微笑を浮かべる
  - ④ 見つからないようにする
  - ⑤ あちこちに注意を向ける

解答・ポイント

- 276 ⑤ 「その姿に―」間違いかと眼を疑う
- 277 ③ 「親たちの―」同 眼（目）を掠める
- 278 ④ 「厳しい現状に―」見えなくするため
- 279 ② 「報告に―」怒ったり驚いたりして
- 280 ① 「留学で―」関 襟を開く（打ち明ける）
- 281 ② 「成長ぶりに―」同 瞠目する
- 282 ① 「失敗に―」瞑る＝つぶる
- 283 ④ 「監視の―」潜る＝下・隙間を抜ける
- 284 ⑤ 「周囲に―」関心を配る（配慮する）
- 285 ③ 「初孫に―」同 眼（目）を細くする

2．熟語・慣用表現の重要語225

286 眼(目)を寄越す ① よい物を見て、楽しむ・判断力を養う
287 眼(目)を光らす ② 見て楽しませるようにさせる
288 眼(目)を喜ばす ③ 離れたところから見つめる
289 眼(目)を凝らす ④ じっと見つめる
290 眼(目)を肥やす ⑤ 鋭い目つきで見張る

291 眼(目)に角を立てる ① ひどくて・気の毒で、見ていられない
292 眼(目)から鼻へ抜ける ② 目を大きく開いて見る
293 眼(目)に物見せる ③ ひどい目にあわせて思い知らせる
294 眼(目)も当てられない ④ 利口で機転がきく・抜け目がない
295 眼(目)を皿にする ⑤ 緊張のあまり怒ったような目つきをする

296 鼻白む ① 役立ちそうなことをたくみに見つけ出す
297 鼻が利く ② 相手の慢心をくじく
298 鼻を明かす ③ 気おくれがする・興ざめした様子をする
299 鼻を折る ④ 嫌味に感じられる
300 鼻に付く ⑤ 先んじて相手をあっと言わせる

---

286 ③「前方の席から―」寄越す＝渡す
287 ⑤「悪事に―」同 眼(目)を光らせる
288 ②「盛り付けで―」同 眼(目)を楽しませる
289 ④「遠くの山に―」同 凝視する
290 ①「本物だけを見て―」肥やす＝豊かにする
291 ⑤「―ことはない」同 眼(目)を三角にする
292 ①「―結果となる」同 見るに堪えない
293 ④「ピアノを弾く―ような少年」
294 ③「覚えていてね、いつか―から」
295 ②「間違い探しに―」驚いたときや物を捜し求めるときの目つき
296 ③「華やかな場に―」関白しける
297 ①「儲け話には―」嗅覚が鋭いから
298 ⑤「勝利して―」同 鼻を明かせる
299 ②「得意そうな人の―」同 鼻を挫く
300 ④「気取った態度が―」嫌な臭いがするから

2 センター小説対策500

熟語・慣用表現の重要語225 ②

語句の意味として最も適当なものを、次の各群の①〜⑤のうちから、それぞれ一つずつ選べ（ただし太字はセンター・共通一次試験既出。なるべく選択肢に頼らずに、自分で意味を言えるようにしよう）。

□ 301 鼻を高くする
① 重要な地点や通路を押さえる
② 不愉快に思い表情をくもらせる
③ 自慢する・得意になる
④ 期待して待ち焦がれる
⑤ 嬉しさに笑みをたたえる

□ 302 目を細くする
□ 303 咽喉を扼する
□ 304 首を長くする
□ 305 眉を暗くする

□ 306 眉をひそめる
① 心配事がなくなりほっとする
② 物事や危険などが身にせまる
③ 怒ったときの表情を浮かべる
④ 心を痛め、眉間に皺を寄せる
⑤ だまされないように用心する

□ 307 眉に火がつく
□ 308 眉に唾をつける
□ 309 眉を吊り上げる
□ 310 眉をひらく

解答・ポイント

301 ④「事件に—」同 眉を曇らせる
302 ④「彼の帰国に—」同 首を延ばす
303 ①「—戦略」扼する＝押さえる
304 ⑤「愛らしい仕草に—」同 目を細める
305 ③「勝利に—」関 枕を高くする〈安心する〉

306 ④「騒音に—」顰める＝皺を寄せる
307 ⑤「怪しい話に—」同 眉毛を濡らす
308 ②「—事態」同 眉を焦がす
309 ③「息子の成績に—」同 眉を上げる
310 ①「やっと—ことができた」〈眉を開く〉
同 愁眉を開く

2．熟語・慣用表現の重要語 225

311 口不調法（もん）
① ものの言い方がへたである
② 言うことが身の程知らずだ
③ うわさされる
④ うまい言い回しに騙される
⑤ 表向きには発言を矛盾させない

312 口占（くちうら）を合わせる

313 口の端（は）にのぼる

314 口裏（くちうら）を合わせる

315 口はばったい

316 口をのりする
① 余計なことをついうっかりしゃべる
② 不満に思い抗議するような表情をする
③ やっと生計を立てる
④ 何度も繰り返し同じことを言う
⑤ 同じ内容のことを言うようにする

317 口をあわせる

318 口をすべらす

319 口をすくする

320 口をとがらす

321 心得顔（ここえがお）
① 少しも分かっていないという顔つき
② 事情を分かっているという顔つき
③ 少しも知らないふりをする顔つき
④ 自分とは関係がないというふり
⑤ 気になることがあり晴れない顔つき

322 涼（すず）しい顔

323 知（し）らん顔

324 何食（なにく）わぬ顔

325 浮（う）かぬ顔

---

311 ① 「—で失礼」不調法＝下手
④ 「詐欺師の—」口車＝巧みな話し方

312 ④ 同「—」口裏を合わせる

313 ③ 「世間の—」端＝端・はんぱ

314 ⑤ 「二人で—」同「—」口裏を合わせる

315 ② 「—ようですが」幅（はば）ったい＝幅いっぱいに広がっている

316 ② 「不満げに—」〈口を尖（とが）らす〉

317 ④ 「軽率さに—」同「口を酸（す）っぱくする」

318 ① 「うっかり—」〈口を滑（すべ）らす〉

319 ⑤ 「誰もが—」同〈口を合わせる〉

320 ③ 「暮らしぶりを—」糊（のり）＝かゆ 同 口に糊（こ）す・糊口（ここう）を凌（しの）ぐ

321 ② 「—でうなずく」派 心得（たしなみ）

322 ① 「—で通り過ぎる」ん＝ぬ＝ない

323 ④ 「—をしている」涼しい＝澄ましている

324 ③ 「—で挨拶する」同 そ知らぬ顔

325 ⑤ 「—で現れた」浮かぬ＝浮き立たず 沈んでいる

2 センター小説対策500 — 熟語・慣用表現の重要語225③

語句の意味として最も適当なものを、次の各群の①〜⑤のうちから、それぞれ一つずつ選べ(ただし太字はセンター・共通一次試験既出。なるべく選択肢に頼らずに、自分で意味を言えるようにしよう)。

□326 **あとの祭り**
① 前を向いたまま後ろへさがること
② あとにも煩わしい関係が残ること
③ 満足せずに次々と欲しがること
④ 時機に遅れて役に立たないこと
⑤ 先に行われたことをまねること

□327 **あとずさり**
□328 **あとおい**
□329 **あとひき**
□330 **あとひき**

□331 天の配剤(はいざい) ① 現実から逃避した、芸術の立場・研究生活
□332 他山の石(たざんのいし) ② 苦労して、得た・勉強した成果
□333 蛍雪の功(けいせつのこう) ③ 突然に起こる変動・大事件
□334 象牙の塔(ぞうげのとう) ④ 人格を磨くのに役立つ他人のよくない言動
□335 青天の霹靂(せいてんのへきれき) ⑤ みごとなとりあわせであること

解答・ポイント

326 ④「今となっては—」〈後の祭り〉
327 ②「—なく別れる」〈後腐れ〉
328 ①「じりじりと—する」〈後退り〉
329 ⑤「—の商品」〈跡追い・後追い〉
330 ③「—上戸(じょうご)」(後から後から欲しがる癖のある酒飲み)〈後引き〉
331 ⑤「結果は—だ」天=造物主
332 ④「—とする」本来よい言動には不可
333 ②「—を積む」(苦学して成果を得る)
334 ①「—に籠る」本来は芸術至上の境地
335 ③「受賞は—だった」晴れた天気に起きる突然の雷から

2．熟語・慣用表現の重要語225

336 もののはずみ
① 他の事を行う機会

337 もののどうり
② 調和的な情緒

338 もののついで
③ 問題にすべき物事

339 もののかず
④ その場のなりゆき

340 もののあわれ
⑤ あるべき筋道

341 水掛け論（みずかけろん）
① 全ては決定されていて人間は無力であること

342 運命論（うんめいろん）
② 双方が意見を言い張って決着がつかないこと

343 観念論（かんねんろん）
③ 起こった後であれこれ論じても無意味なこと

344 結果論（けっかろん）
④ 非現実的な考え・外界を認識の結果とする立場

345 懐疑論（かいぎろん）
⑤ 真理とする認識を否定する・断定を控えること

346 絵空事（えそらごと）
① ひとごと

347 案じ事（あんじごと）
② 気晴らし・ばくち

348 余所事（よそごと）
③ 気がかりなこと

349 綺麗事（きれいごと）
④ ありもしないうそ

350 慰み事（なぐさみごと）
⑤ 体裁を繕うこと

---

336 ④「―で公言する」〈物の弾み〉

337 ⑤「―が通じない」〈物の道理〉

338 ①「―に立ち寄る」〈物のついで〉

339 ③「―ではない」〈物の数〉

340 ②「―を感じる光景」〈物の哀れ〉平安時代の文学・生活の美の理念

341 ②「―になる」自分の田に水を引こうと争うことから

342 ①「―には従わない」同 宿命論

343 ④「―に過ぎない」対 実在論

344 ③「―だよ」結果だけ見てする議論

345 ⑤「―がある」対 独断論「温暖化の議論に関する知見には様々なー がある」

346 ④「それは―だ」絵は実物でないから

347 ③「―がある」案ずる＝心配・工夫する

348 ①「―のように感じる」余＝他のこと

349 ⑤「―を言う」表面だけ綺麗にする

350 ②「―の畑仕事」派 お慰み（その場限りの気晴らし）

2 センター小説対策500 熟語・慣用表現の重要語225 ④

語句の意味として最も適当なものを、次の各群の①〜⑤のうちから、それぞれ一つずつ選べ（ただし太字はセンター・共通一次試験既出。なるべく選択肢に頼らずに、自分で意味を言えるようにしよう）。

□ 351 **腰が据わる**
① 振る舞いが丁重だ

□ 352 腰が砕ける
② 本気で取り組む

□ 353 腰が入る
③ 落ち着いて物事をする

□ 354 腰が重い
④ 途中で続けられなくなる

□ 355 **腰が低い**
⑤ なかなかその気にならない

□ 356 **気を呑まれる**
① 気落ちした状態から元気を出す

□ 357 気を取られる
② 注意を奪われる

□ 358 気を利かせる
③ 期待させる

□ 359 気を持たせる
④ 圧倒される・呆然（ぼうぜん）とする

□ 360 気を取り直す
⑤ 配慮して行動する

解答・ポイント

351 ⑤「誰に対しても―」対 腰が高い
352 ① 「期限が迫っても―」対 腰が軽い
353 ④「やっと勉強に―」同 本腰を入れる
354 ②「急に―」同 腰砕けになる
355 ③「就職しても―ことはなかった」
同 腰を据える

356 ④「相手に―」対 気を呑む
357 ②「雑音に―」関 気を抜く（油断する）
358 ⑤「二人の様子に―」状況判断に基づく
359 ③「―態度をとる」同 気をもたす
360 ①「逆転勝利に―」関 気を吐く（威勢のいいところを示す）

2．熟語・慣用表現の重要語225

361 恨みを呑む ① 無念な気持ちを心中に抱く
362 恨みを買う ② 仕返しをして恨みをなくす
363 恨みがましい ③ 恨んで責めるようすである
364 逆恨みされる ④ 恨んでいる人から恨まれる
365 恨みを晴らす ⑤ 人から恨まれる行動をとる

366 水をいれる ① 勢いをそぐ
367 水をむける ② 休みにする
368 水をあける ③ 邪魔をする
369 水をかける ④ もちかける
370 水をさす ⑤ 差をつける

371 気の置けない ① 納得できない・合点がいかない
372 腑に落ちない ② 気に入らない・気がすすまない
373 気が気でない ③ 他の事が気になり集中できない
374 手に付かない ④ 気になり落ち着いていられない
375 意に染まない ⑤ 遠慮しないで気楽につきあえる

---

361 ① 「今は―」呑む＝表に出さない
362 ① 「ことはなるべく避けよう」
363 ④ 「―目で見るな」がましい＝らしい
364 ⑤ 「―とは心外だ」 同 逆恨みを受ける
365 ③ 「積年の―」×恨みを果たす 関 雪辱
　　　を果たす（恥や汚名を消し去る）

366 ③ 「話に―」〈水を差す〉
367 ① 「議論に―」〈水を掛ける〉
368 ⑤ 「大きく―」〈水を開ける〉
369 ④ 「さりげなく―」〈水を向ける〉
370 ② 「勝負に―」〈水を入れる〉
　　　を入れる（冷やかして妨げる） 関 茶々

371 ⑤ 「―仲」関 隔に置けない（侮り難い）
372 ① 「説明」腑＝はらわた・心の底
373 ④ 「いっぱれるかと思うと―」
374 ③ 「勉強が―」 同 手が付かない
375 ② 「―相手」 関 意に満たない（不満足だ）

2 センター小説対策500 — 熟語・慣用表現の重要語225

語句の意味として最も適当なものを、次の各群の①～⑤のうちから、それぞれ一つずつ選べ（ただし太字はセンター・共通一次試験既出。なるべく選択肢に頼らずに、自分で意味を言えるようにしよう）。

□ 376 **虫を殺す**
　① がまんする
　② 静かに言う
　③ 他人に従う
　④ 幼さを装う
　⑤ 静かにする

□ 377 **我を殺す**
□ 378 **声を殺す**
□ 379 **息を殺す**
□ 380 **邪気を殺す**
　① いいかけてやめる
　② 張りつめた様子で心配する
　③ たいへん苦しい思いをする
　④ はっとおどろく
　⑤ 残念な気持ちを抑える

□ 381 **固唾を呑む**
□ 382 **涙を呑む**
□ 383 **息を呑む**
□ 384 **熱鉄を呑む**
□ 385 **言葉を呑む**

解答・ポイント

376 ④「ほほえんで―」邪気＝悪意
377 ⑤「物陰で―」同 息を凝らす
378 ②「―泣き声」対 声を上げる
379 ③「出世のために―」対 我を張る
380 ①「怒りを抑えて―」関 虫も殺さぬ（きわめて温和な）
381 ②「発表に―」緊張で唾が出るから
382 ④「王妃の美しさに―思いだ」
383 ⑤「惜敗に―」涙をこらえることから
384 ③「―ような思い」熱した鉄を呑むことから
385 ①「まずいと思って―」同 声を呑む
　　関 言葉を挟む（話に割って入る）

2．熟語・慣用表現の重要語225

386 物心つく ① 調和する・それらしくなる・似合う
387 板につく ② 犯行が露見する
388 息をつく ③ 一休みする
389 土がつく ④ 世の中のことや人間関係が分かり始める
390 足がつく ⑤ 勝負に負ける

391 たてをつく ① 驚く・思いが急につのる
392 肺腑をつく ② 予期しないことであわてさせる
393 悪態をつく ③ 憎まれ口をたたく
394 むねをつく ④ 反抗する・敵対する
395 不意をつく（ふい） ⑤ 心に深く感銘を与える

396 人心地がつく（ひとごこち） ① 帰りたいという気持ちになる
397 里心がつく（さとごころ） ② 身近にさしせまっている
398 尻に火がつく（しり） ③ ほぼ、見通せる・出来上がる
399 足元に火がつく（あしもと） ④ 落ち着いた気持ちになる
400 目鼻がつく（めはな） ⑤ 危険が身にせまっている

---

386 ④「―年頃」物心＝世の物事を知る心
387 ③「制服が―」〈板に付く〉
388 ①「間もないよ」同息を抜く
389 ⑤「横綱に―」元来は相撲の用語（すもう）
390 ②「証言から―」関足が向く〈知らず知らずに向かう〉

391 ②「対戦相手の―」〈不意を衝く〉
392 ③「先輩に―」面と向かってのときに
393 ⑤「―名言」〈肺腑を衝く〉
394 ①「はっと―歌詞」〈胸を突く〉
395 ④「親に―」戦いのために楯を突くこと（たて）

396 ④「ようやく―」人心地＝生きた心地
397 ②「期限まであと三日と―」
398 ①「手紙で―」里心＝里を懐かしむ心
399 ⑤「失策で―」足元＝身辺・歩き方
400 ③「完成の―」×目鼻が利く関目端（めはし）が利く〈気転が利く〉

2 センター小説対策500 熟語・慣用表現の重要語225 ⑥

語句の意味として最も適当なものを、次の各群の①～⑤のうちから、それぞれ一つずつ選べ（ただし太字はセンター・共通一次試験既出。なるべく選択肢に頼らずに、自分で意味を言えるようにしよう）。

□ 401 **一目置く**
① （目上の者が）返事や意見を言わないでおく
② 帰さない・書き記す・そのままにしておく
③ ちょっと時間をあける
④ 不安や未練が残る・気をつかう・遠慮する
⑤ 遠慮する・優れていると認めて敬意を払う

□ 402 **一拍置く**
□ 403 聞き置く
□ 404 留め置く
□ 405 心を置く

□ 406 **体裁をなす**
① 独自の派を作る・所帯主となる
② ものがうず高く積もる
③ 怒った顔つきになる
④ うらみに思う・仕返しする
⑤ それらしい様子になる

□ 407 一家をなす
□ 408 一家をなす
□ 409 仇をなす
□ 410 色をなす

解答・ポイント

401 ⑤ 「教授も―」元来は囲碁の用語
402 ③ 「答えるのに―」元来は音楽の用語
403 ① 「参考意見として―」＝「に留められた」
404 ② 「その場に―」留＝留める
405 ④ 「草木にも―」〈此細なことにも、びくびくする・気を配る〉

406 ⑤ 「会社の―」体裁＝外観・形式
407 ④ 「友人に―相手」仇＝うらみ
408 ① 「哲学で―」〈一家を成す〉
409 ② 「問題が―」〈山を成す〉
410 ③ 「暴言に―」〈色を作す〉 関 色を失う（青ざめる）

2. 熟語・慣用表現の重要語225

411 鞭打つ
① 合点・合意する・対策を講ずる
② 無理に働かせる

412 手を打つ

413 膝を打つ
③ もっともらしく名目をつける

414 銘打つ
④ 生き生きと流れる

415 脈打つ
⑤ 気づき感心する

416 旗を振る

417 枕を振る
④ 本題に入る前に短い話をする

418 棒に振る
③ 気に入られようと機嫌をとる

419 尾を振る
② 先頭に立って指揮する

420 大手を振る
① 努力や成果を無にする
⑤ おおいばりで行動する

421 夢中な状態から覚める

422 思案に落ちる

423 地に落ちる
② 我に返る
③ うっかり本当のことをもらす

424 瘧が落ちる
④ 権威・名声が衰える

425 語るに落ちる
⑤ 納得がいく

---

411 ②「老骨に—」(老いた自分を励まし努める)
412 ①「早めに—」×手を撃つ
413 ⑤「なるほどと—」手で膝を打つから
414 ③「最高級と—」銘=名の通った名称
415 ④「意欲が—作品」関脈がある(生命・見込みがある)
416 ⑤「我が物顔で—」×おおてを振る
417 ①「そんなことで一生を—つもり?」
418 ④「まずは—」関頭を振る(否定する)
419 ②「運動の—」関旗を揚げる(事業などをおこす)
420 ②「不意に—」憑物=動物などの霊
421 ⑤「実際に見て—」思案=考え・心配
422 ①「かつての名声が—」同地に堕ちる
423 ④「彼の言葉に—」瘧=一定の周期で発熱する病気
424 ③「尋問で—」問うに落ちず語るに落ちるの略

2 センター小説対策500 熟語・慣用表現の重要語225 ⑦

語句の意味として最も適当なものを、次の各群の①～⑤のうちから、それぞれ一つずつ選べ（ただし太字はセンター・共通一次試験既出。なるべく選択肢に頼らずに、自分で意味を言えるようにしよう）。

□ 426 **躍起になる**
① 面倒になる
② その場逃れになる
③ むきになる
④ 順序が逆になる
⑤ ぞんざいになる

□ 427 **億劫になる**

□ 428 **後先になる**

□ 429 **粗略になる**

□ 430 **姑息になる**

□ 431 **癇の強い**
① 他人と協調する気持ちに欠ける
② 恥ずかしがらず平然としている
③ 激怒・興奮・いらいらしやすい
④ 考えを通そうとする・図々しい
⑤ 強情でゆずらない・きかぬ気だ

□ 432 **我の強い**

□ 433 **鼻っ柱の強い**

□ 434 **心臓の強い**

□ 435 **押しの強い**

解答・ポイント

426 ③「弁明に―彼を見たくなかった」
427 ④「話が―」後のものが先になる
428 ①「外出が―」劫＝とても長い時間
429 ⑤「扱いが―」粗＝粗い
430 ②「愛を知らない人は―もんさ」姑＝しばらく・息＝止む
431 ③「子供」癇＝神経質
432 ①「性格」我＝意地・自分自身・個体
433 ⑤「娘」同 鼻っ端の強い
434 ②「少年」対 心臓の弱い
435 ④「上司」関 押しの一手（ひたすら自分の意志を通そうとする）

2. 熟語・慣用表現の重要語 225

- 436 具合が悪い
  - ① 良心が咎める
  - ② 不利だ
  - ③ 扱うのに困る
  - ④ きまりが悪い
  - ⑤ 不都合だ
- 437 始末が悪い
- 438 旗色が悪い
- 439 寝覚めが悪い
- 440 ばつが悪い
- 441 名状し難い
  - ① 我慢することができない
  - ② 思い通りに扱いにくい
  - ③ 何とも言い表しようのない
  - ④ 差がない
  - ⑤ 救いがたい
- 442 甲乙付け難い
- 443 忍び難い
- 444 御し難い
- 445 度し難い
- 446 のっぴきならない
  - ① いい加減に扱えない
  - ② 見聞きにたえない
  - ③ 黙っていられない
  - ④ なすべき方法がない
  - ⑤ どうにもならない
- 447 ばかにならない
- 448 もちもさげもならない
- 449 ききずてならない
- 450 はなもちならない

- 436 ⑤「断るのは―」具合=都合・進め方
- 437 ③「反抗的で―」始末=処理
- 438 ②「こちらの―」旗色=軍旗の様子
- 439 ①「約束を破って―」対 寝覚めが良い
- 440 ④「―顔をする」ばつ=場都合の略で、場を取り繕えないときに使う
- 441 ③「―不安」名状=言い表すこと
- 442 ③「両者―」甲乙=優劣
- 443 ①「侮辱を受ける―」忍ぶ=我慢する
- 444 ②「人物―御する=人を思う通りに動かす
- 445 ⑤「俺は―愚か者です」済度し難い（救って涅槃に渡らせ難い）の略
- 446 ⑤「―立場」〈退っ引きならない〉
- 447 ①「その出費は―」〈馬鹿にならない〉
- 448 ④「苦境で―」〈持ちも提げもならない〉
- 449 ③「発言が―」〈聞き捨てならない〉
- 450 ②「―男だ」〈鼻持ちならない〉 臭気がひどくて耐えられないから

2 センター小説対策500

熟語・慣用表現の重要語225 ⑧

語句の意味として最も適当なものを、次の各群の①〜⑤のうちから、それぞれ一つずつ選べ（ただし太字はセンター・共通一次試験既出。なるべく選択肢に頼らずに、自分で意味を言えるようにしよう）。

□ 451 線が太い
① つけ上がる・事が運ぶ
② 少々のことで動じない
③ そのとおりに実現する
④ 勇気があって動じない
⑤ 度量が広くたくましい

□ 452 図に当たる
□ 453 図に乗る
□ 454 肝が太い
□ 455 図太い

□ 456 一矢を報いる
① 念書を差し出す
② 反撃する
③ 少し関係する
④ 議論を呼びかける
⑤ びっくりさせられる

□ 457 一札を入れる
□ 458 一驚を喫する
□ 459 一石を投じる
□ 460 一指を染める

解答・ポイント

451 ② 「─奴め」主に受け身的態度に使う
452 ④ 「彼女は─」肝＝肝臓・気力・度胸
453 ① 「成功続きで─」
454 ③ 「予測が─」関図がない（法外だ）
455 ⑤ 「─人物」線＝人物・作品を支える精神力 対線が細い（弱々しく繊細だ）

456 ② 「宿敵に─」一矢＝一本の矢 ×いちや
457 ⑤ 「─話」喫する＝よくない目にあう
458 ① 「念のため─」念書＝念のための文書
459 ④ 「学界に─」水に波紋が広がるから
460 ③ 「その事件に─」一指＝指一本 関指一本も差させない（非難させない）

2. 熟語・慣用表現の重要語 225

461 通り一遍（とおりいっぺん）
① まれな考え違い
② たくらみを秘める
③ うわべだけで形式的
④ 取るに足りない
⑤ 痛切ないましめ

462 千慮の一失（せんりょのいっしつ）

463 頂門の一針（ちょうもんのいっしん）

464 胸に一物（むねにいちもつ）

465 九牛の一毛（きゅうぎゅうのいちもう）

466 反故（ほご）にする
① いいかげんにしてほうっておく
② 抗議・質問・非難を引き受ける
③ 捨てる・契約や約束を破棄する
④ 口実やいいがかりの材料とする
⑤ 責任を負う・義務を引き受ける

467 矢面（やおもて）に立つ

468 等閑（とうかん）に付す

469 たてに取る

470 双肩（そうけん）に担う

471 沽券（こけん）にかかわる
① その人にふさわしい
② 広くもてはやされる
③ 自分の体面・面目がそこなわれる
④ 意外なことに出会っておどろく
⑤ 批評する・対象として取り上げる

472 呆気（あっけ）にとられる

473 俎上（そじょう）に載せる

474 身の丈（みのたけ）にあう

475 人口に膾炙（じんこうにかいしゃ）する

---

461 ①「―の説明」通りがかりの客が語源
462 ⑤「智者も―」千慮＝多くの考え
463 ⑤「まさに―」頭上に針を刺すが語源
464 ②「あるに違いない」一物＝企（たくら）み
465 ④「―の損失」たくさんの牛のうちの一本の毛が語源
466 ③「約束を―」反故＝書画などをかき損じて不用となった紙
467 ①「告発を―」
468 ④「法を―」〈楯（たて）に取る〉
469 ⑤「社員の生活を―」双肩＝二つの肩
470 ③「非難の―」矢の飛んで来る面から
471 ③「父親としての―」沽券＝体面
472 ④「結果を見て―」同 呆然となる
473 ⑤「議題を―」俎上＝俎板（まないた）の上
474 ①「―目標を持つ」身の丈＝身長
475 ②「―話」膾（なます）と炙（あぶ）り肉は古代中国で万人に好まれたという話から

2 センター小説対策500 熟語・慣用表現の重要語225 ⑨

語句の意味として最も適当なものを、次の各群の①〜⑤のうちから、それぞれ一つずつ選べ（ただし太字はセンター・共通一次試験既出。なるべく選択肢に頼らずに、自分で意味を言えるようにしよう）。

□ 476 **なしくずしに**
① 前置きもなくとげとげしく
② 差別をせずに同じように
③ 少しずつ片付けていって
④ 希望や要求にぴったり合って
⑤ よりによって好ましくなく

□ 477 **ひとしなみに**

□ 478 **事もあろうに**

□ 479 **お誂え向きに**

□ 480 **突っけんどんに**

□ 481 **はかは行かず**
① 予想どおりに
② 即座に・とっさに
③ 区別できず
④ すべて・全部
⑤ 順調に進まず

□ 482 **あんに違わず**

□ 483 **間髪を入れず**

□ 484 **文目も分かず**

□ 485 **細大漏らさず**

解答・ポイント

476 ①「言われちゃったよ」〈突慳貪に〉＝ぶっきらぼうに

477 ⑤「扱う」〈等し並みに〉

478 ②「彼に知られるとは」悔しがる語

479 ④「できている」誂え＝注文・注文品

480 ①「形骸化した」〈済し崩しに〉済す＝返済で、借金を少しずつ返すから

481 ⑤「仕事の—」〈計は—〉回はかどらず

482 ①「失敗したよ」案＝予想

483 ②「反論する男に萌えました」

484 ③「暗闇で—」文目＝模様・筋道

485 ④「—報告する」細大＝細かいことと大きいこと

2．熟語・慣用表現の重要語225

486 いわく言い難い
① 文章や言葉で十分に表現しきれない
② 言葉で表現しにくいと言うほかはない
③ 自分を反省し恥ずかしくてしかたない
④ そうする以外になんともしようがない
⑤ 身動きがとれずどうにもならない

487 よんどころない

488 抜き差しならぬ

489 筆舌に尽くし難い

490 慙愧に耐えない

491 みもふたもない
① 非難すべき欠点をもたない
② 他を犠牲にしても仕方ない
③ 愛想がない・そっけない
④ まったく根拠がない
⑤ 露骨すぎて話にならない

492 にべもない

493 ねもはもない

494 背に腹はかえられない

495 間然するところがない

496 三々五々
① 色々意見が出て騒がしく
② 少人数ごとにまばらに
③ びくびくして
④ 事に応じて判断して
⑤ 気がめいる雰囲気で

497 戦々恐々

498 喧々諤々

499 陰々滅々

500 是々非々

---

486 ②「魅力」曰く＝言うには・事情
487 ④「事情があってね」〈拠ん所ない〉
488 ⑤「窮地に陥ったと彼は笑った」
489 ①「経験」筆舌＝文章と話し言葉
490 ③「過失」慙愧＝自分を反省し恥ずかしく思うこと

491 ⑤「言い方」〈身も蓋もない〉
492 ③「態度」にべ＝愛想・お世辞
493 ④「噂」〈根も葉もない〉
494 ⑤「残念だが―」同 背より腹
495 ①「作品の出来は―」間＝隙間・間然＝あれこれ言われる隙のある様子

496 ②「帰る」三人また五人の意味から
497 ③「—として」恐れ戦いて
498 ①「—として」喧々囂々と侃々諤々から
499 ⑤「—とした場所」派 陰々と p.50
500 ④「—で行動しよう」是＝良いことは良い、非＝悪いことは悪いとして

第2章 頻出の基本重要語200

1. 形式で覚える重要語90
2. 分野で覚える重要語50
3. 形式で覚える外来語60

基本重要語の多くは、見たり聞いたりしたことのあるものが多いだろう。だが、正確に意味が解っていないことで、大きな読み違いをする危険もあるので、確実な理解を心がけよう。また、外来語は従来の日本語になかった新しい語彙であるため、現代の事象と深く関わっている場合も多いので注意して欲しい。空欄補充の形式を採用し、正確に習得できているかがチェックできるようになっている。もちろん下欄の解答だけでなく、派、関、対、異などにも注目し、語彙の関連性を捉え、知らない語彙への推理力も身につけて欲しい。

◆第2章◆ 頻出の基本重要語 200

1 □性 感性/悟性(ごせい)/属性/知性/理性（五十音順）形式で覚える重要語90 ①

重要度順 次の□に当てはまる 語句 を答えなさい。

□ 1 信仰、感覚、経験、無意識などに頼らず、意識的に推論（＝事実から結論を導くこと）していく思考能力の全体。
「□で救えることと救えないことがある。」
対 ①□性 ②□気

□ 2 対象からの刺激を、**身体の感覚器官を媒介して受け入れる精神の認識能力。**
「大丈夫、□なんてものは、後からついてくるから。」 対

□ 3 考え、理解し、判断する能力。知覚したことを整理・統一し、認識を作り上げる精神の働き。
「□のある人が狂っていくのがいいんだよ。」

□ 4 ①固有の性質・特徴 ②事物がそれなしには存在できない本質的な性質。
「そのキャラの萌え□は何？」 対

□ 5 知的能力・理解力。
「君の論理は飛躍しすぎる。□というものをもっと大事にしなよ。」

解答・ポイント

理性
対 ①感性 ②狂気（近代産業社会では労働/怠惰がそれぞれ理性/狂気に重ねられ二項対立を形作っていった）

感性
対 理性

知性

属性（ルネ・デカルトは精神という実体の属性を思考、物質という実体の属性を空間における延長と考えた） 対 実体

悟性(ごせい)

76

2 □知 英知／機知／狡知（こうち）／才知／周知

形式で覚える重要語90 ②

重要度順 次の □ に当てはまる 語句 を答えなさい。

6 □ 知れ渡っていること。
異 「私の脚線美は □ のところ。」

7 □ 深遠な道理（＝行うべき正しい道）を悟る優れた才知。
異 「僕達の □ を結集してクイズ大会を勝ち抜こう。」

8 □ その時その場に応じて働く才知・意表を突く鋭い知恵。
「いかにも □ に富んでます、っていう話し方が恥ずい。」
異 既に知っている・知られていること

9 □ 才能と知恵・物事をうまく行う頭の働き。
「自らが □ に長けると思っている人の集団って、ホントにあるんだね。」
異 細かく綿密なこと

10 □ 狡（ずる）賢い知恵。
「彼女の口元に □ さがちらちらと浮かんでは消えた。」
異 巧（たく）みではあるが仕上げの遅いこと

解答・ポイント

周知
異 ①衆知（＝衆智。「衆知を集める」などと使う）②羞恥

英知（＝叡知・叡智）

機知（＝機智・ウィット wit）
異 既知

才知（＝才智）
異 細緻

狡知（こうち）
異 巧遅（たくち）（対は拙速（せっそく）＝下手ではあるが仕上げの速いこと）

3 □念 概念／観念／懸念／諦念／理念

形式で覚える重要語90 ③

重要度順 次の □ に当てはまる 語句 を答えなさい。

□ 11 言語で大ざっぱにまとめられた抽象的内容。「空間再編の設計は、ひとにぎりの人びとの□の押しつけであってはならない。」（桑子敏雄『風景のなかの環境哲学』）派 頭の中だけで考えている 関 一般に共通した考えのこと。

□ 12 ①物事に対するまとまった考え②思考の対象となる表象③あきらめること。「リアル生活に忙しいと□的にもなれない。」
派 ①意識を支配し行動を規定する□ ②事実から離れた主張

□ 13 ①物事はこうあるべきだという根本的な考え②理性によって得られる実在・最高の概念。

□ 14 気がかり・心配。「ガスを止め忘れたかも、って□が…」
関 祈って目的の達成を念じること

□ 15 ①道理を悟る心 ②あきらめの気持ち。
「彼には底の浅い□みたいなものがあって、それが私をイラつかせた。」
関 うっかり忘れること

解答・ポイント

概念（＝コンセプト concept）
派 概念的

観念
派 ①固定観念 ②観念論
関 通念

理念（②＝イデア idea（希））

懸念（読みに注意）
関 祈念

諦念
関 失念

4 □象　仮像（かしょう）／形象（けいしょう）／心象／抽象／表象

重要度順　次の□に当てはまる語句を答えなさい。

□ 16　象
①対象からある性質を抽きだすこと　②他との共通性に着目し、一般的な概念にまとめ上げること。「□的な理論で煙にまくのはやめて。」
派　概念的で一般的な・現実離れした　対　①□体　②□象

□ 17　象
①記号が表す意味　②意識に表れる具体的な像・イメージ　③象徴。
異　善行・功労・成果などを広く明らかにしてほめること

□ 18　象
観念によって心で形作られる像・外に表れている形。
「若者文化を□しているとか言われることにはもううんざりだ。」
異　風景がすぐれていること・その土地
「普遍的に美しい□というものは、果たして存在するのだろうか。」

□ 19　象
意識に表れてくる具体的な像・イメージ。「わからないかい？ これが彼の□風景なんだよ。」
異　心に受ける印象・裁判官の確信

□ 20　象
主観的に実在するように感じるのに、客観的には実在しない表象。
「彼の美しい言葉が、名目にすぎないものに実在の□を与えてしまった。」
対　正式の名前が決まるまでの仮の名前

解答・ポイント

□ 16　**抽象**
派　抽象的
対　①具体　②具象

□ 17　**表象**
異　表彰

□ 18　**形象（けいしょう）**
異　景勝

□ 19　**心象**
異　心証（「心証を害する」などと使う）

□ 20　**仮像（かしょう）**（虹や鏡像などがその例）
対　真相（＝真実の姿）
異　仮称

形式で覚える重要語90 ④

◆第2章◆ 頻出の基本重要語 200

5 ＊意味

□ 在　外在／顕在／実在／潜在／内在

形式で覚える重要語90 ⑤

重要度順　次の□に当てはまる語句を答えなさい。

□ 21　主観の生み出すものとは独立に、客観的に存在するもの・その在り方。
「えっ、オスカルって□しないの？」
派 主観から独立した客観的□を認識できるとする立場

□ 22　表面に現れず、ひそかに存在すること。「僕の魅力を彼女の□意識に刷り込むんだ。」関 ひそんで隠れていること 対

□ 23　現象が、その根拠・原因を自分自身の中にもっていること。
「自分に□する感情に優劣をつけないことだ。」
関 概念に含まれる事物が共通にもつ性質

□ 24　はっきり表面に現れて存在すること。
「世間という『非言語系の知』を□化する」(阿部謹也『「世間」とは何か』)
対 異 元気で暮らしている・変わりなく活動・存在していること

□ 25　物事の外部に在ること。
「問題が□してるなら話は早い。」
関 ある概念に対応する事物・集合

解答・ポイント

実在
派 実在論

潜在
関 伏在　対 顕在

内在
関 内包(たとえば人間・犬・猫などの内に共通して存在している動物という性質などを言う。対 は外延)

顕在
対 潜在　異 健在

外在
関 外延(たとえば動物に対してその延長にある人間・犬・猫などの集合を言う。対 は内包)

6 □存　異存／温存／既存（きそん）／実存／所存（しょぞん）

形式で覚える重要語90 ⑥

重要度順　次の　□　に当てはまる　語句　を答えなさい。

□ 26　既に存在すること。
「みんな□の概念の組み合わせ方を披露しあっているだけなんだよ。」

□ 27　①現実に存在する具体的存在　②主体性をもつ個人として存在すること。
「『それでも人だ』と言うことから出発する□の思想を鍛えてきた。」（西谷修『問われる「身体」の生命』）
派　□の重要性を強調する立場

□ 28　①他人と違う考え　②反対の意見。
「□がおありなら、帰ってくれていいのよ。」

□ 29　使わないで大事に保存すること　②改められるべきことがそのままになっていること。
「体力を□するのにももう飽きたぜ。」

□ 30　心に思っていること。
「己（おのれ）のスイーツ好きを堂々と表明していきたい□であります。」

解答・ポイント

既存（きそん）

実存
派　実存主義

異存
異　依存（いそん）

温存

所存（しょぞん）

7 反□ 反映／反語／反芻／反省／反目

形式で覚える重要語90⑦

重要度順 次の□に当てはまる語句を答えなさい。

□ 31 ①自分の内面・自分自身に意識を向けること ②過去の自動・間違いがなかったかを考えること。「夢のもつ切迫感や迫真力の本質は、□意識の欠如にある。」（永井均『〈魂〉に対する態度』）

□ 32 影響が他に及んで、形をとって現れること。「委員会は業界の意向を□して、対策は不要と結論づけた。」 関 影を映す・見え方や解釈に内面が表現される・満たされない欲求を無意識に他人に求めること

□ 33 ①反対の内容を疑問の形で述べて強調する表現 ②表面上の意味を反転させて伝える表現。「今日の会話は□縛りな感じ。」 関 遠回しの非難・予想や期待に反する結果となること

□ 34 ①くり返し考え味わうこと ②一度飲み込んだ食べ物を反対に胃から口に戻して嚙むこと。「『かわいいね』という彼の言葉を、一日中、心の中で□し続けた。」 関 十分に考えて理解する・嚙み砕くこと

□ 35 にらみ合う・仲が悪くて対立すること。「おっさん達は□しあうのが仕事なのさ。」 関 他人の主張・非難に反対し、論じ返すこと

解答・ポイント

反省（日常会話では「悪いと思う」という意味で使われることが多いが、文章中では違うことも多いので注意）

反映
関 投影

反語（＝アイロニー irony）
関 皮肉（ただしアイロニーには、「反語」「皮肉」の両方の意味がある）

反芻（「芻」は干し草の意味で、牛などが反芻するところからできた熟語）
関 咀嚼

反目
関 反駁

8 □因・□因　因果／因習／遠因／外因／起因

形式で覚える重要語90 ⑧

重要度順　次の □ に当てはまる 語句 を答えなさい。

□ 36 ①原因と結果 ②悪行の報いとしての不幸。
「□は巡るよ、どこまでも♪」
派 過去に応じて現在の良い報いや悪い報いがあり、現在の行為に応じて未来の報いが生じること

□ 37 物事の起こる原因となること。
異 気品のある趣（＝しみじみとしたあじわい・様子）

□ 38 共同体によって保たれてきた伝統的なしきたり。違反すると非難や制裁を伴う。悪い意味で使うことが多い。
「□も何らかの必然があって生まれる。」　関 宿命・原因・前々からの縁

□ 39 物事の起こる間接的な原因。
「親友が先に結婚してしまったことも □ としてあるかもしれない。」

□ 40 物事の外部から作用する原因。
「使ってるシャンプーが薄毛の □ かもよ。」　対

解答・ポイント

因果
派 因果応報

起因（＝基因）
異 気韻

因習（＝因襲）
関 因縁

遠因
対 近因（物事が起こる直接的な原因）

外因
対 内因（物事自体に内在する原因）

第2章　頻出の基本重要語

9 □□（一般に名詞として使う） 差異／実体／贖罪／所与／摂理　形式で覚える重要語90 ⑨

◆第2章◆ 頻出の基本重要語 200

重要度順 次の □ に当てはまる 語句 を答えなさい。

□ 41 ①性質・特徴ではなく事物の本体②変化する性質の根底にあって、他の影響によらず、それ自体として持続的に存在するもの。
「僕の彼女はカラダという □ をもたない。」 対 異 実際のありさま

□ 42 ある観点からは同一のものの間で、互いを区別する違い。
「二人の態度のわずかな □ を彼は見逃さなかった。」
派 違いを際立たせること 対

□ 43 ①与えられること・もの・条件②出発点として異議なく受け取れる事実・原理。「その頃の僕は □ の環境に不満ばかり抱いていた。」

✓ 44 あらゆる事物・世界を支配する法則。
「日本でビジュアル系が流行るのは自然の □ みたいなものさ。」
関 公に通用する道理・証明の前提とされるもの

□ 45 ①犯した罪を償（つぐな）う・刑罰を免（まぬが）れること②神による罪の償い・救い
「私にお金をかけることが □ になるとでも思ってるの？」
関 人間が生まれながらに背負う罪

解答・ポイント

実体 対 属性　関 実態

差異（「姉」は「妹」との差異で成り立つ言葉だ、といった言語論で重要）
派 差異化（＝差別化）　対 同一性

所与

摂理　関 公理

贖罪（キリスト教では、キリストの死による人類の罪の償い・救いを言う）
関 原罪

10 □□（「―する」の形でも使う） 疎外／漂泊／払拭／変容／包括　形式で覚える重要語90 ⑩

重要度順　次の□に当てはまる**語句**を答えなさい。

□ 46 姿や形が変わる・姿や形を変える。
「僕が金を失ったとわかった時の、彼女の□っぷりには引いた。」
異 実体は変わらずに、形や様子が変化する

□ 47 ①よそよそしくする　②人間性・固有性を奪う。
「人間が作ったものが人間を□していくのさ。」
異 邪魔をする

□ 48 ひっくるめて一つにまとめる。
関 より大きな範囲・より一般的な**概念**に□する

□ 49 ■払い拭う■・すっかり取り除く。
「□して大学デビューを目指す。」
「過去を□して大学デビューを目指す。」

□ 50 あてもなく、さまよい歩く・流れ漂う。
「俺は真実の愛を求めてもう何年も□している。」
異 ①白くする　②述べ表す

解答・ポイント

異 **変容**
変様

疎外　(alienation の翻訳語。外国人・異星人 alien＝エイリアンのように扱うことが原義)　異 阻害

関 **包括**

払拭

漂泊
異 ①漂白　②表白

11 攻撃的な言葉 □□

駆逐(くちく)／蹂躙(じゅうりん)／阻害(そがい)／弾劾(だんがい)／揶揄(やゆ)

形式で覚える重要語90 ⑪

重要度順 次の □ に当てはまる 語句 を答えなさい。

□ 51 からかうこと。
 関 遠まわしに批判する・あざ笑うこと
 「擁護の書き込みをしたら、本人だと □ されたよ。」

□ 52 邪魔をすること。
 異 よそよそしくする・人間性や固有性を奪うこと 対
 「よく見られるこの添加物は、実は栄養素の吸収を □ してしまいます。」

□ 53 敵などを追い払うこと。
 関 追いやる・追い払うこと
 「一匹残らず □ してやる。」

□ 54 ふみにじること。
 派 公権力や権力者が、人間の基本的人権を侵すこと
 「□ した自覚があれば、まだましな方さ。」

□ 55 罪や不正をあばき責任を追及すること。
 関 罪や責任を問いただしとがめること
 「この画面では相手チームの裁判官を □ するかどうかを選べるよ。」

解答・ポイント

揶揄(やゆ)(「揶」も「揄」もからかうといふ意味)

関 風刺(=諷刺)

阻害(そがい)
異 疎外
対 助長

駆逐(くちく)
関 放逐(ほうちく)

蹂躙(じゅうりん)
派 人権蹂躙

弾劾(だんがい)
関 糾弾(きゅうだん)(=糺弾)

12 不□□ 不可逆／不条理／不世出／不如意／不文律

形式で覚える重要語90 ⑫

重要度順 次の□に当てはまる[語句]を答えなさい。

□ 56 ①筋道が通らない・道理が立たないこと ②人生が非合理・無意味である状況。「キャパが狭いと、世の中が□だらけに思えるよね。」
派 筋道・道理 関 道理に合わない（ことを行う）こと

□ 57 逆戻りできないこと。「白い紙に記されたものは□である。」〈原研哉『白』〉「若さは□ではないわ。」関 ①分けられないこと ②知ること ③避けられないこと ④理解できないこと 対

□ 58 暗黙のうちに守られている決まり。「女子の世界には□が数多く存在する。」関 明確に言葉に表せない身体を基盤とする知識。科学的創造において重要とされる。

□ 59 めったに□世に現れないほど優れている。「いつか俺が□の名ギタリストだったことがわかるさ。ジャラーン。」関 世に比較するものが絶えてないほど素晴らしい

□ 60 ①思い通りにならないこと ②経済的に苦しいこと。「人生は□だからおもしろいんじゃん。」関 本当の気持ち・希望とは異なること

【解答・ポイント】

不条理
派 条理
関 理不尽

不可逆
関 ①不可分 ②不可知 ③不可避 ④不可解 対 可逆

不文律
関 暗黙知

不世出
関 絶世

不如意
関 不本意

13

□□性

可塑(かそ)性／協調性／公共性／汎用(はんよう)性／両義性

形式で覚える重要語90 ⑬

重要度順 次の □ に当てはまる**語句**を答えなさい。

□ 62 「コスプレは □ に反するのか?」 派 社会一般

□ 63 ①変形しやすい性質 ②自由に形を作れる性質
関 変形しても元の状態に戻る性質
「生き物のもつ □ にはいつも感動させられる。」

□ 64 概念・言葉に矛盾する二つの意味・解釈が同時に含まれている性質。
派 二つの意味・意義 関 多くの意味を同時にもつこと
「言葉に □ をもたせて、言い逃れできるようにしているんだ。」

□ 65 広くいろいろな方面に用いられる性質。 □ 」
派 広くいろいろな方面に用いられる性質。 関 頻繁に用いられる
「 □ の高いヒト型決戦兵器です。」

□ 61 社会一般の利益・正義となる性質。市民の理性的な討議で形成されるべきだが、国家の独占物となる傾向がある。

□ 62 (同上)

□ 63 周囲の人とうまく調和できる性質。
「私は親から □ というものを教わらなかった。」派 力を合わせる・対立するものが穏やかに相互間の問題を解決しようとすること

解答・ポイント

公共性（公共の = public を使う言葉に public house = パブ = 酒場などもあるが、本来公共性が国家と無関係であることが解る）派 公共

協調性 派 協調

可塑(かそ)性（=塑性） 関 弾性

両義性 派 両義 関 多義 (対 は一義)

汎用(はんよう)性 派 汎用 関 頻用(ひんよう)

14 □□化 画一化／戯画化／形骸化／相対化／矮小化

重要度順 次の□に当てはまる|語句|を答えなさい。

□ 66 他と比べて・他との関係から絶対的ではないと、捉え直すこと。
派 他との比較や関係によって価値や性質が決まる様子
「自分を□できるだけの自信が無いんだね。」

□ 67 個々の性質や事情を重視せず、全体を一様にそろえること。
派 特色も変化もなく全体が一様である様子
「周囲の□を批判できるほど自分が個性的だとでも？」

□ 68 小さくすること。否定的な意味で使われることが多い。「一部の男性は女性の能力を□してとらえているという自覚がない。」
派 小さい・こぢんまりしていること
関 取るにたりない・ちっぽけであること

□ 69 内容や意義のない形だけのものにする・なること。「□した行動だとわかっていても、止めるエネルギーがなかった。」
派 内容や意義が失われて形だけが残ったもの

□ 70 風刺や滑稽味を込め、誇張して描き出すこと。「映画は伝説の騎士を□して作られた。」
派 戯れに誇張して描いた滑稽な絵・風刺を込めた絵

解答・ポイント

対 **相対化**（相対とは他と「相対する」こと）
対 絶対化

対 **画一化**
派 画一的

派 **矮小化**
関 矮小
関 卑小

派 **形骸化**
派 形骸

派 **戯画化**
派 戯画

15 □的 懐疑的／観念的／恣意(しい)的／即物的／普遍的

形式で覚える重要語90 ⑮

重要度順 次の □ に当てはまる 語句 を答えなさい。

□ 71 すべてに・時代や場所を問わず、当てはまる様子。「特定の個人の描写から始めて、□ なテーマへもっていくんだ。」
派 すべてに当てはまる・時代や場所を問わず言える・宇宙や存在の全体に関わること
→ **普遍的**
派 普遍

□ 72 事実から離れて、頭の中だけで考える様子。否定的な意味で使われることが多い。「□ かどうかは相対的な問題じゃないかな？」
対 論理的に必然性がない・好みや思いつきで判断する様子。「□ にならずに、ものを見ることはとても難しい。」
派 思いつき・気ままな心・自分勝手な考え
→ **観念的**
対 実践的

□ 73 論理的に必然性がない・好みや思いつきで判断する様子。
→ **恣意的**
派 恣意

□ 74 「なんでそう人を □ にしか見ないの？」
派 真偽について判断を下せない状態・疑い得るものを敢て偽(ぎ)と考え、絶対的な真理を得ようとすること
「疑いをもつ・あやしいと思う。」
→ **懐疑的**
派 懐疑（近代哲学の祖ルネ・デカルトは神の存在を証明しようとして神の存在を懐疑した）

□ 75 ①事物を実体に即して考える様子②物質的・金銭的なことを優先する様子。「彼女の □ な思考は嫌いじゃないんだよね。」
→ **即物的**

16 □□的　客観的／主観的／主体的／無機的／有機的

重要度順　次の □ に当てはまる語句を答えなさい。

□ 76 自分の見方を離れ、対象をあるがままに見る様子。「内面への評価よりも個人情報による評価の方が、より □ で公平だという見方もありうるのだ。」（阪本俊生『ポスト・プライバシー』）「□ な意見なんて訊いてないよ。」派 自分を離れて冷静に見ていること 対

□ 77 自分だけの見方にとらわれる様子。「この気持ちがほんとうに □ かどうかも、私にはよくわからない。」派 自分だけの見方にとらわれていること 対

□ 78 自分の意志と判断によって・主要な役割を担って・行動する様子。「□ にって、そもそも人から求められることじゃないんじゃ…」派 自分の意志によって責任をもって行動する態度

□ 79 各部分が密接に結びつき部分と全体が影響を及ぼし合う様子・生き生きと全体を形作っている様子。「すべての人は □ につながっている。」派 生物に由来する炭素を主成分とする物質 対

□ 80 生命感のない・温かみの感じられない様子。「その □ な空間に落ち着きを覚えた。」派 水・気体・鉱物やそれらを原料とする物質 対

解答・ポイント

客観的　派 客観性　対 は 主観的

主観的　派 主観性　対 は 客観性

主体的　派 主体性

有機的　派 有機物　対 は 無機的

無機的　派 無機物　対 は 有機的

17 □□主義 完全主義／教条主義／精神主義／刹那(せつな)主義／利己主義　形式で覚える重要語90 ⑰

重要度順 次の□□に当てはまる|語句|を答えなさい。

□ 81 物質的・現実的なものより精神力が世界を動かすと考える立場。非現実的な傾向を非難して言うことが多い。「みんなどかしら□□的なとこはあるんじゃないかな。」 派 心・魂、能動的な心の働き

□ 82 自己の利益だけを求める立場。
派 他人の迷惑を顧みず、自分の利益だけを追求する考え方。「人間が□□なのは、むろん自然なことだ。」

□ 83 現在の瞬間だけを充実させればよいとする・一時的な快楽を追求する考え方。「今は□□的にこのゲームをやり続けたい―。テスト前だけど!!」
派 ①瞬間・極めて短い時間 ②瞬間的・目の前の快楽を求める

□ 84 「どこまでも完全さを求めないと納得しない性向(=性質の傾向)。「□□なんて挫折製造機じゃん。」

□ 85 事実を無視して、原理・原則を杓子定規(=すべてを一律の基準・形式で律しようという融通のきかない様子)に適用する態度。「どうして□□はいい意味で使われないのかしら?」

▶解答・ポイント

精神主義(=精神論)
派 精神

利己主義(=エゴイズム egoism エゴ)
egoはラテン語で自我という意味
派 利己的(=エゴイスティック egoistic)

刹那(せつな)主義
派 ①刹那 ②刹那的

完全主義(=完全癖(へき))

教条主義(=ドグマティズム dogmatism)

18 □□主義　軍国主義／経験主義／実証主義／社会主義／冷笑主義　形式で覚える重要語90⑱

重要度順　次の□に当てはまる語句を答えなさい。

□ 86 資本主義の矛盾を克服して、平等な社会を建設しようとする思想。「□を非人間的だ、のひとことで片付けるのはつまらないよ。」 関 私有財産を廃止して全財産を社会全体の共有にしようとする思想・運動
→ **社会主義**　関 共産主義

□ 87 戦争を外交の手段とし、軍事力を最優先させて対外的に発展することを国家の目的とする立場。「彼女は制服フェチなので、□が嫌いじゃないらしい。」 関 国家権威により国境外の人々に支配権を及ぼそうとする立場
→ **軍国主義**（＝ミリタリズム militarism）　関 帝国主義

□ 88 ①自分の経験に基づいて判断しようとする態度 ②知識の源泉を経験とする立場。「合理主義は結局のところ□の後追いだと思うんだ。」 対
→ **経験主義**（＝経験論）　対 合理主義

□ 89 理論・主張の根拠を経験で得た事実に限定する立場。観察・実験を重視する近代科学に当てはまる。「何故思わず目が行ってしまうのか、□的に研究したい。」 派 事実によって検証し確かめること
→ **実証主義**　派 実証

□ 90 すべてに皮肉な見方をしてさげすんで笑う態度。「□的なキャラをひとり入れよう。」 派 皮肉な・冷ややかな態度
→ **冷笑主義**（＝シニシズム cynicism）　派 シニカル cynical・シニック cynic

解答・ポイント

19 日本の美意識　粋／借景／無常／幽玄／侘び

分野で覚える重要語50①

重要度順　次の□に当てはまる語句を答えなさい。

□ 91 ①あか抜けていて、自然な色気があること ②世情・人情に通じていること。「やさしさを見せないのが□だと思ってるバカチンなのよ。」

□ 92 万物が変化し、変わらないものはない。「最近の先生を見てると、なんか□を感じてしまう。」

②この世の全てははかないという仏教の基本的教義であると静かに観察していること

□ 93 奥深い余情がある ②優雅で上品だという日本中世の美的理念の代表。
関 宮廷風だ・優美で上品だ・風流

□ 94 物質面の不足、不自由を肯定し、簡素で閑静な生活を積極的に楽しむという茶道・俳諧などの美的理念。
「オッケー。□を感じます、って言っとけばいいのね。」
「いいんだよ、もう俺、□の世界に生きるわ。」
関 古びて・枯れて趣があること

□ 95 庭園外の景色を庭園の背景として借りて利用すること・方法。「この部屋は井の頭公園が□になります。」
関 一つの景色・一つの面白み

解答・ポイント

粋（「すぐれていること・もの」の意味のときは「すい」と読み、対 は 無粋）
対 野暮

無常
派 ①無常観　②諸行無常

幽玄
関 雅

侘び（＝詫び）
関 寂び

借景
関 一景

20 日本の近代文学　言文一致／口語体／私小説／反自然主義／浪漫主義　分野で覚える重要語50 ②

重要度順　次の ◯ に当てはまる 語句 を答えなさい。

□ 96　明治期の、書き言葉を話し言葉に近づけようとする運動。

□ 97　作者自身を主人公とし、自分の生活や経験を虚構を排して描き、自分の心境や感慨を吐露する日本近代文学特有の小説形式。
「◯ ってオレオレ小説のこと?」

□ 98　西欧文芸を媒介に生まれた、自我の確立・芸術の自律・形而上への憧れ・社会批判などを特徴とする、明治期日本の ◯ 。
「◯ って、『高野聖』とか『舞姫』とか?」対

□ 99　話し言葉に基礎を置く書き言葉の文体で、言文一致（運動）を経て次第に定着していった。「もう ◯ のメールしか読みたくないよ。」対

□ 100　自然主義の理念と方法に反発・対立する文学傾向。夏目漱石・森鷗外・谷崎潤一郎や白樺派なども含まれる。「彼らは自然主義と違っていただけで、◯ と言われてしまったわけです。」

解答・ポイント

96　**言文一致**（運動）（「～です」「～だ」である）調の新しい文体を生んだ）

97　**私小説**

98　**浪漫主義**
対 自然主義（自然を存在や価値の根本とする態度・現実をそのまま描写しようとする芸術上の立場）
派 言文一致体

99　**口語体**
対 文語体（文を書くとき特有の文体）

100　**反自然主義**
対 自然主義

21 文学芸術 アイロニー／異化／オブジェ／寓意（ぐうい）／パロディー

分野で覚える重要語50 ③

重要度順 次の □ に当てはまる 語句 を答えなさい。

□ 101 題材を日常の文脈からずらして非現実化・異常化させ、意識されていなかった知覚の過程や真実に注意を向けさせる芸術作用。
「□なんて、一種の違和感みたいなものでは？」異 易しくする・なる

□ 102 作風・文体などを模倣・誇張して風刺（＝他のことにかこつけて社会・人物を批判・嘲笑して言い表すこと）化・滑稽化した作品。
「オリジナルの作品を凌駕（りょうが）できてない□に興味はない。」

□ 103 物事の深い意味をほのめかす比喩。比喩によって深い意味をほのめかす表現法。「□を読み解くのに正確さは重要ではない。」

□ 104 ①皮肉（＝遠まわしの非難）②反語（＝反対のことを言って遠まわしに主張を伝える言い方）。「□を散りばめたいお年頃なんだよ。」

□ 105 非芸術的な物体を利用して構成し、日常では意識されない新しい意味を与えた〈製作物〉。
「これは□なんだよ！ 断じてゴミじゃなく！」

解答・ポイント

異化（いか）（生物学用語としては呼吸など、生物がエネルギーを得る反応）
異 易化 対 は難化

パロディー parody

寓意（ぐうい）（＝寓喩（ぐうゆ）＝アレゴリー allegory）

アイロニー irony
（＝イロニー Ironie（独） ironie（仏））

オブジェ objet（仏）（元来は「物体」「客体」の意味。たとえば傘を使って構成されながら、全体が傘ではない別のものに成っている芸術品を指す）

22 数学科学　閾値／集合／触媒／必要条件／ベクトル

分野で覚える重要語50 ④

重要順　次の□に当てはまる語句を答えなさい。

□ 106 反応・現象を引き起こす最小の、刺激の強さ・作用の大きさの値。
「幸せになりたいのなら幸福の□を下げればいい。」

□ 107 それ自身は変化しないが、反応の仲立ちとなって、反応速度を変化させるもの。「私はふたりの恋の□たらんとした。」

□ 108 ①一箇所に集める・集まること ②属するか属さないかが、明確な基準によって判別できるものの集まり。
「日本軍の『散開』が、他国軍の『□』だって聞いたんだけど。」

□ 109 ①志向性・方向性 ②大きさと方向性をもった量。
「電子メディアの体験は、遠隔にあることと近接していることを、つまり他者性への□と自己性への□とを重ね合わせてしまうのだ。」（大澤真幸『恋愛の不可能性について』）

□ 110 成立するために必ずなくてはならない条件。「起業において、資金は一つの□にすぎないんだよ。」派成立するのに必要で、しかも必ず成立させる条件 対ありさえすれば必ず成立させる条件

▶解答・ポイント

閾値(いきち)

触媒(しょくばい)

集合（②において構成している一つ一つのものを要素・元と呼ぶ）対離散

ベクトル vector（元来は数学・物理学で②の意味だったが、心理学・社会学などから①の意味で広く用いられるようになった）

必要条件　派必要十分条件　対十分条件

23 宗教用語 □□ 解脱／浄土／洗礼／彼岸／輪廻

分野で覚える重要語50 ⑤

重要度順 次の□に当てはまる語句を答えなさい。

□ 111 車輪の回転のように、衆生（＝全ての生き物）が生死を繰り返し、とどまらないこと。「□とか考える人は顔を見ればわかる。」
→ **輪廻**（りんね）

□ 112 煩悩（＝身心の苦しみを生み出す心の働き）の束縛から離脱し苦悩から解放されて、自由な悟りの境地に達すること・悟ること。
「□したいと思うほどの欲望無いし…。」 **対** 穢（け）れたこの世
→ **解脱**（げだつ）

□ 113 仏のいる欲望や苦しみのない世界。
「彼女がいれば、もはや俺にとってこの世は□。」
→ **浄土**（じょうど）　**対** 穢土（えど）

□ 114 ①キリスト教入信の儀式②大きな変化を与える経験③社会・分野に入るのに必要な経験。「デカルト以来の西欧近代思想の□を受けたものにとってはそうである。」（村上陽一郎『生と死への眼差し』）
異 前にあった例・以前からのしきたり
→ **洗礼**（水によって罪を洗い清めるという考え方から）　**異** 先例

□ 115 ①この世とは別の世界②向こう側の世界③春分・秋分の前後7日間。
「ちょっと□に行ってくるわ。」　**対** 此岸（しがん）　**異** 達成したい悲壮な（＝悲しい結果を予想しながら意気込みがある）願い
→ **彼岸**（ひがん）　**異** 悲願

解答・ポイント

24 時事用語 □□□ NGO／ODA／QOL／GDP／PKO

分野で覚える重要語50⑥

重要度順 次の□に当てはまる語句を答えなさい。

□ 116 先進国の政府が発展途上国の経済開発などを促進するために財政資金を使って行う経済的国際協力。「□の理念自体に反対なわけじゃない。」

□ 117 国民総生産から海外での所得を差し引いたもの。一国の居住者が一年間に受け取った所得の総額。「□がジリ貧になっていった時、日本がどうなるのか想像がつかない。」関一国で一年間に生産された価値の総額

□ 118 局地的な紛争に対して、国連が受け入れ国の同意を得て平和のために軍・人員を派遣する暫定的（＝一時的・仮に定めた）な活動。「□協力法に基づき、隊員の彼は海外に派遣された。」

□ 119 民間の協力組織。専門性をもち、海外で国際協力に従事するものを指す場合が多い。「信頼できる□に寄付をしたい。」
関営利を目的とせず身近な問題に自発的に取り組む市民の活動組織

□ 120 ①生活・生命の質 ②患者の生活機能が保たれ、人間らしい生活を続けられることを指す医療・福祉での用語。
「足るを知る俺は今の□に満足している。」

解答・ポイント

ODA（＝ Official Development Assistance ＝政府開発援助）

GDP（＝ gross domestic product ＝国内総生産）関GNP（＝ gross national product ＝国民総生産）

PKO（＝ Peace-Keeping Operations ＝（国連）平和維持活動）

NGO（＝ non-governmental organization ＝非政府組織）関NPO（non-profit organization ＝非営利団体）

QOL（＝ quality of life）

25 二者関係 □□ 乖離／逆説／相克／齟齬／矛盾

分野で覚える重要語50 ⑦

重要度順 次の □ に当てはまる 語句 を答えなさい。

□ 121 ①対立する判断が同時に成立する関係②相互に一方が真なら他方が偽になる関係③撞着（=つじつまが合わない）。「□ の陰には大切なことが潜んでいる。」関 同じ人の言動が食い違うこと

□ 122 ①一見対立しているが、因果関係でつながり、真理を表す表現②二律背反。「一見嫌いなふりをするという□ 的な作戦は、こちらが本気で嫌われて終わった。」関 予想外の結果を接続する表現

□ 123 そむき離れること。「現実とほどよく□ した状態がリアルなんだ。」関 離れそむくこと 異 解いて離れること。心の正常な統合が失われること。

□ 124 食い違い。食い違ってうまくいかないこと。「何をロマンとするかで、男女には□ がある。」関 ①人と人の仲が悪くなること ②もつれ・相反する欲求があって迷うこと

□ 125 相反する二つのものが互いに争うこと、またその争い。「□ する使命を帯びたキャラ設定が人気を博した。」関 ①相反するものが互いを打ち消し合うこと ②困難を乗り越えて打ち克つこと

【解答・ポイント】

121 **矛盾** 関 自家撞着

122 **逆説**（＝パラドックス paradox「急がば回れ」など）関 逆接（「だが」「しかし」などで表す表現。対 は 順接）

123 **乖離** 関 離反 異 解離

124 **齟齬**（語源は上下の歯が食い違うこと）関 ①軋轢（語源は車輪が軋ること）②葛藤（語源は葛や藤のつるがもつれること）

125 **相克** 関 ①相殺（剋）②超克（剋）

26 二者関係 □□□

二項対立／二律背反／パラレル／表裏一体／不即不離

分野で覚える重要語50 ⑧

重要度順 次の□に当てはまる語句を答えなさい。

□ 126 相反するかに見える二つのものの関係が密接で切り離せないこと。
「好きという感情と意地悪することが□の子供になんか興味無いわ。」

□ 127 ①二つの概念が対立・矛盾していること ②優劣のある対立概念で世界を単純化して捉えること。
「□で捉えるのはわかりやすいが、それでは問題の本質は見えてこない。」
関 ①二つに分けて考える思考法 ②異なる二つのもので成り立つとする説

□ 128 ①平行なこと ②二つの物事の状態・変化・傾向が相似していること。
「過去から現在へという方向は、現在から未来へという方向と□になっている。」（宇都宮輝夫『死と宗教』）

□ 129 矛盾する主張が同時に行われること。「自分の幸せと他人の幸せはだとその少女は言った。」 関 相反する・相容れないこと 関 相反する二つのことの間で、どちらを選んでも解決できない状態・板挟みの状態

□ 130 二つのものの関係が深過ぎもせず、離れ過ぎもしないこと。
「互いに□でいようなんて、貧弱な自我を守りたいだけじゃん。」

解答・ポイント

表裏一体

二項対立
関 ①二分法 ②二元論

パラレル parallel

二律背反（＝アンチノミー Antinomie（独） 派 背反
関 ジ（ディ）レンマ dilemma

不即不離

27 肯定(プラス)内容　矜持／担保／紐帯／通過儀礼／ユートピア　分野で覚える重要語50 ⑨

重要度順　次の□に当てはまる**語句**を答えなさい。

□ 131　どこにも存在しない理想的社会。「好きな(↑ここ大事)女の子たちに囲まれてれば、そこが僕の□。」　関 俗世間を離れた理想郷

□ 132　①保障すること　②過去・未来の不利益に対する**補塡**(＝不足を補い埋めること)をする・補塡の準備をすること。「医療の質を□するための取り組みを継続したい。」

□ 133　プライド。自分の能力を信じて抱く誇り。「□をエリート意識と勘違いしてる奴が多いかも。」　関 自分の才能や仕事に自信や誇りをもつこと　異 不吉な事柄

□ 134　人間の生涯における誕生・成人・結婚・死など、各段階を通過する際に行われる**儀礼**(＝社会的慣習にのっとった規律ある行為・やり方)。「女には強制的に大人への□がやってくる。」

□ 135　二つのものを結びつける役割をするもの。「階級闘争と民族運動の背後にある社会的□を多元的に捉えようとする視点が提起されている。」(阿部謹也『大学論』)

解答・ポイント

ユートピア utopia (「どこにも存在しない場所」を表すギリシャ語が語源で、否定的な意味にも使われる)　関 桃源郷

担保(元来は①の意味だが、②の意味での使用が急増)

矜持　関 自負　異 凶事　対 吉事

通過儀礼(人類学・民俗学での重要語。イニシエーションもその一つ)

紐帯

28 否定（マイナス）内容　陥穽／杞憂／桎梏／背理／辟易

分野で覚える重要語50 ⑩

重要度順　次の□に当てはまる語句を答えなさい。

□ 136　迷惑してうんざりする・勢いに押されてしりごみすること。
「露骨に告ると、□しちゃう男子もいるでしょう。」
関 どうしようもなく困ること

□ 137　無用の心配をすること。
「□であれば幸いです。」

□ 138　手かせと足かせ・自由を束縛するもの。
「自分で選んでおいて□とか、自己陶酔もいい加減にしてくれない。」
異 漆のように黒く光沢のあること・その色

□ 139　落とし穴・人を陥れる計略（＝だますための策略）。
「その幸せの横に大きな□があろうとは知るはずもなかった。」
異 もの静かな様子

□ 140　道理・理屈に反すること。
「男友達だから性的意識はないのよって、オトコ友達と言っている以上、きみの表現には□がある。」異 背き離れること

解答・ポイント

辟易（「辟」は避ける、「易」は変えるという意味）
関 閉口（口を閉じて黙るしかない様子から）

杞憂（＝取り越し苦労）

桎梏
異 漆黒

陥穽（「穽」は獣を捕る落とし穴）
異 閑静

背理
異 背離（「人心が背離する」などと使う）

29 エスニック／クラシック／コスミック／ストイック／メカニック

形式で覚える外来語60 ①

重要度順 次の□に当てはまる **語句** を答えなさい。

141 ①古典的で、いつの時代も高い評価を受ける模範的な傾向・作品 ②古めかしくて落ち着いた感じのする様子 ③西洋の古典音楽。
「ナルシストではない□好きの男子っているのかなぁ」

142 禁欲的に自分の衝動・欲望・感情を抑える様子。
「彼の眉間には□さが刻印されていた。」
関 自分の欲望などを抑える心

143 宇宙の・宇宙的な・想像を超えて広がる・神秘的な。
「あの不思議ちゃんのTシャツは、ずいぶん□だなぁ。」
派 ①秩序と調和をもつ世界・宇宙 ②世界観・宇宙論

144 民族的・異国風である（様子）。アジア・アフリカ・中南米風であると きに使われることが多い。
「□料理とかはどう？」 派 民族性に基づく同朋意識・認識体系

145 機械的・機械仕掛けの。動きや働きが機械のようである。
「彼こそは伝説の□デザイナーです。」
派 機械装置・仕組み・体系

解答・ポイント

クラシック classic
（元は第一の等級＝クラス class の意味）

ストイック stoic
関 克己心（＝自制心）

コスミック cosmic（英語の発音はコズミックに近い）
派 ①コスモス kosmos（希）
②コスモロジー cosmology

エスニック ethnic
派 エスニシティ ethnicity

メカニック mechanic
（＝メカニカル mechanical）
派 メカニズム mechanism

30 □□□□ック エキゾチック／グラフィック／スタティック ペダンチック／ロマンチック

形式で覚える外来語60 ②

重要度順 次の □ に当てはまる 語句 を答えなさい。

□ 146 写真・絵画・図版などを用いて視覚に訴えること、またその印刷物。
「□ コンピュータによる図形処理 関 視覚に訴える様子・視覚的」

□ 147 現実離れしていて空想的で甘美である様子。
派 空想家・夢想家
「寝る前に □ な妄想を繰り広げるとよく眠れる。」

✓ 148 静止した状態にある・固定的な・活気のない。
対「まだ僕らふたりは □ な付き合いじゃないんだ。」

□ 149 異国的・異国情緒のある。
派 異国情緒・異国趣味・外国風であること 関 西洋における日本趣味
「彼女の □ な顔立ちが頭から離れなくなった。」

✓ 150 学識を示してひけらかす・学者ぶる。
「□ な連中も使いようさ。」

解答・ポイント

グラフィック graphic
派 コンピュータ・グラフィックス（＝CG）
関 ビジュアル visual

ロマンチック romantic
派 ロマンチ(シ)スト romanticist

スタティック static
対 ダイナミック dynamic（躍動的で力強い・動的な・精力的な）

エキゾチック exotic
派 エキゾチ(シ)ズム exoticism
関 ジャポニスム japonisme（仏）

ペダンチック pedantic
（＝衒学的（げんがくてき））

31 アクロバチック／システマチック／シンメトリック／ファナティック／フィードバック

形式で覚える外来語60 ③

重要度順 次の ▢ に当てはまる語句を答えなさい。

□ 151 結果を参考にして原因に反映させ、修正・調整していくこと、その仕組み。「わかってくれ」じゃなくて、こちらもきちんと ▢ しなくちゃ。」

□ 152 狂信的・熱狂的である。「マクロビオティックを実践してる人の ▢ なところが苦手。」
派 熱心な愛好者・熱烈な支持者

□ 153 組織的・体系的である。系統だっている。「彼は作業を ▢ に進めることに快感を覚えるタイプだった。」
派 多数の構成要素が役割をもって秩序を保ち、有機的に働く全体的な関連

□ 154 曲芸（＝普通の人間にはできない目先を変えて行う離れ業）のようである。「お前の議論はどうしてそう ▢ なんだよ。」
派 曲芸・軽業(かるわざ)

□ 155 左右が対称である・釣り合いがとれている。「目が無意識に ▢ なものを求めてしまう。」
派 対称であること・釣り合いが取れていること

解答・ポイント

フィードバック feedback

ファナティック fanatic
派 ファン fan（ファナティックの短縮語）

システマチック systematic
派 システム system

アクロバチック acrobatic
派 アクロバット acrobat

シンメトリック symmetric
派 シンメトリー symmetry

32 語尾を伸ばす語 エントロピー／ジェンダー／トートロジー　ノスタルジー／ヒエラルキー

形式で覚える外来語60 ④

重要度順 次の □ に当てはまる **語句** を答えなさい。

□ 156 ピラミッド型の上下関係に序列化された秩序・組織。

□ 157 「俺の心にはアイドルにも □ があってね。」「きもっ！」

故郷・過去を懐（なつ）かしむ気持ち。
「彼は今でも □ の世界でぷかぷかしてるよ。」

□ 158 ①物質・運動のもつ乱雑さ②情報の乱れ・不確かさ。
派 □ は可逆変化では不変だが、不可逆変化では増えるという法則の増大という言葉がひとり歩きしてしまっている。

□ 159 ①社会的・文化的なありよう②生物学的な性
関 「 □ を意識するというのは、骨から肉をはがす作業のようなものだ。」生物学的な性・性別

□ 160 同語反復・くり返し。
「 □ の説得力は破壊的さ。」の説明しても意味が明確にならない言葉のくり返し。

解答・ポイント

ヒエラルキー Hierarchie（独）
（軍隊・官僚的な組織を指すことが多い）

ノスタルジー nostalgie（仏）
（＝郷愁）

エントロピー entropy
派 **エントロピー増大則**（生から死へ向かう変化などにも比喩的に使う）

ジェンダー gender（英語圏では、① he/she などの文法上の性②生物学的・社会学的な性を意味するため、「社会的・文化的な性差」という翻訳は誤りとされる）関 **セックス** sex

トートロジー tautology

33 ～ス アンビバレンス／カタルシス／クライマックス／コンプレックス／ニュアンス

形式で覚える外来語60 ⑤

重要度順　次の□に当てはまる語句を答えなさい。

□ 161
「微妙な□のある表現をして、決して嘘は言わないのが俺の正義。」
派 かすかに感じ取れるもの・微妙な意味合い・わずかな違い・陰影・濃淡。

□ 162
①無意識に抑圧された複雑な感情の固まり・こだわり ②劣等感
「どうしても周囲の人間を助けたくなる、それも一種の□だよ。」
派 無意識に異性の親に愛着を、同性の親に敵意・不安を感じる傾向

□ 163
（興奮・緊張などが）最も高まった状態・場面。文学において緊張が頂点に達して解決・崩壊に向かおうとする分岐点。絶頂・最高潮。
「今回も□に行き着く前に自然消滅でした。」

□ 164 〔意〕
（悲劇などを見たりして）抑圧された感情を解放・解消すること。
「あなたの□のためのお手伝いはごめんです。」
関 突然の大変動・悲劇的な結末

□ 165
同一の対象に向けて相反する感情をもっていること。
「力まずに、内なる□をそのまま表現してごらん。」
派 相反する感情を同時にもっている様子

解答・ポイント

ニュアンス nuance

コンプレックス complex
派 男子ではエ(オイ)ディプス・コンプレックス、女子ではエレクトラ・コンプレックス

クライマックス climax

カタルシス katharsis（希）（語源は「浄化」および「排泄」
関 カタストロフィ catastrophe

アンビバレンス ambivalence
派 アンビバレント ambivalent

34 〜ブ アクティブ／ナイーブ／パースペクティブ／プリミティブ／ポジティブ

3. 形式で覚える外来語60

重要度順 次の[　]に当てはまる[語句]を答えなさい。

☐ **166** ①一定の視点から距離感が表現できるように描き分ける方法 ②一定の観点から価値の重要度で世界を秩序づける人間の認識のあり方。

☐ **167** 「ちょっとこのキャラの顔の[　]おかしくない？」

☐ **168** 対 自分から他に、積極的に働きかける・作用を及ぼす。
「[　]な人とか、疲れるし。」

☐ **169** 関 神経質な・神経過敏な
「自分が否定されることに[　]過ぎるのはカッコよくないぞ、少年。」

☐ **170** 対 積極的な・肯定的な。
「[　]なものがいいって誰が決めたの。」

☐ **171** 原始的な・素朴な。
「奴は[　]な服を好んで着た。」

解答・ポイント

パースペクティブ perspective （＝パース・遠近法）

対 **アクティブ** active （＝能動的）
対 パッシブ passive （＝受動的・受け身的）

ナイーブ naive
関 ナーバス nervous

対 **ポジティブ** positive
対 ネガティブ negative （＝消極的な・否定的な）

プリミティブ primitive

35 ～カル コミカル／パラドクシカル／メタフィジカル／ラディカル／ローカル

形式で覚える外来語60⑦

重要度順 次の □ に当てはまる 語句 を答えなさい。

□ 171 ①逆説を用いて説明される②普通と逆の方向から説明される。
派「実は全てのことを一度 □ に考えてみるようにしている。」

□ 172 具体的な形をもって現れず、思考・精神でのみ捉えられるとされる。「 □ な思索とやらは置いといて、豆腐と大根買ってきてくれる?」 対

□ 173 ①根本的な②過激な・急進的な。「その半世紀間に繰り返された断絶の痕跡として □ に変えられた文字の異質性を、まず受け止めざるをえなかった。」（リービ英雄『日本語を書く部屋』） 対

□ 174 ①地方・地域に限られた②局所的な③各駅停車の。「西暦で考えるときわれわれはある □ な歴史を普遍的なものと見なす思考に閉じ込められてしまう。」（柄谷行人『終焉をめぐって』） 派 地方優先の考え方

□ 175 滑稽な・おどけた感じを与える様子。「俺もっと □ な人物になりたいんだ。」
派 喜劇的・滑稽な様子・漫画

解答・ポイント

パラドクシカル paradoxical (=逆説的)
派 パラドックス paradox (=逆説)

メタフィジカル metaphysical (=形而上「メタ」は「超えて」「高次の」間に)の意味) 対 フィジカル physical (=形而下)

ラディ(ジ)カル radical
対 コンサバティブ conservative (=控えめな・保守的な)

ローカル local
派 ローカリズム localism

コミカル comical
派 コミック comic

110

36 〜ション

アジテーション／アソシエーション／イニシエーション／コラボレーション／モチベーション

重要度順 次の ▢ に当てはまる 語句 を答えなさい。

176 ✓ 人の気持ちを煽（あお）り立て、ある行動を勧めそそのかすこと。
派 人の気持ちを煽り立て、ある行動を勧めそそのかす ▢ 。

177 ①成人へと導き成人に編入する、通過儀礼の一つ ②集団への加入を許可するための一連の儀式。「バンジージャンプは本来、南太平洋バヌアツの ▢ だったそうです。」
派 率先した言動で他を導くこと・主導権

178 共同作業・共同製作・共同開発・共演。
「僕と人生の ▢ しようか。」

179 動機づけ・行う意欲・やる気。
「無理に ▢ 上げても、後で反動がくるよ。」
派 芸術作品を生み出す際の動機、その動機となった題材。芸術作品を構成する基本的な単位。

180 地域の上に展開される共同体（＝コミュニティ）とは別に、特定の関心・利害の下に人為的に作られる組織。
「僕たちはガンプラをこよなく愛する、いわば ▢ だ。」

解答・ポイント

アジテーション agitation
（＝扇動・煽動（せんどう）＝煽り）
派 アジる（＝扇動する・煽動する）

イニシエーション initiation
派 イニシアチブ initiative

コラボレーション （＝コラボ） collaboration

モチベーション motivation
派 モチーフ motif（仏）

アソシエーション association
（個人の欲求の多様化に伴って拡大していくとされる）

37 ◆第2章◆ 頻出の基本重要語 200

□□□ズム ニヒリズム／ヒロイズム／ファシズム ペシミズム／リアリズム

形式で覚える外来語60 ⑨

重要度順 次の□に当てはまる**語句**を答えなさい。

□ 181 ①**現実主義** ②芸術では現実を美化・理想化せず、ときには非現実的なものも利用して現実を正しく反映させようとする傾向。
「どうやら君の考える□と僕のそれとは違うようだ。」 ① 対 ② 対

□ 182 ①**真理**は認識できないとする考え ②一切の実在を否定する考え ③既存の価値体系・社会体制を否定する思想。「悲しみの伴う感情をけっして僕は□とは呼ばない。」 派 ①□をもつ人 ②冷たく無感動な

□ 183 自由主義・社会主義を排撃し、独裁的な政治体制を目指す思想。

□ 184 ①悲観的に考える傾向 ②善より悪が、快より苦が支配的だと考えて世界を厭う（＝嫌に思う・嫌がって避ける）こと。
「私だって□に走りたい時はあるさ。」 対

□ 185 **英雄**を賛美し、英雄的行動を賛美する考え方。
「フェミニズムにとって□は敵である、とU先生は言った。」 派 ①英雄・男の主人公 ②女の主人公 ③主義・説・考え方

解答・ポイント

リアリズム realism （＝レアリスム réalisme （仏））
① 対 理想主義、② 対 ロマンティシズム romanticism（＝ロマン主義）

ニヒリズム nihilism（＝虚無主義）
派 ①ニヒリスト nihilist（＝虚無主義者）
②ニヒリスティック nihilistic（＝虚無的・ニヒル）

ファシズム fascism （語源は「結束」を意味するイタリア語ファッショ Fascio）

ペシミズム pessimism （羅〈「最悪」〉に由来＝悲観論・厭世主義）対 オプティミズム optimism（＝楽観論・楽観主義）

ヒロイズム heroism（＝英雄主義）
派 ①ヒーロー hero ②ヒロイン heroine
③イズム ism

112

38 □□□□ズム　アカデミズム／アナーキズム／ダイナミズム　ナルシシズム／フェミニズム

形式で覚える外来語60 ⑩

重要度順　次の□に当てはまる語句を答えなさい。

□ 186
①力強さ・活力・迫力　②あらゆる現象・存在を自然の力や作用で説明する立場。「美大に行ったら□に触れられるよ。」
派 躍動的で力強い・動的な・精力的な

□ 187
国家などの権威を否定して、個々人の自由を重視し、その合意のみを基礎とした社会を目指す思想。「□って本来、女性と親和性が高いんじゃないかな。」
関 個人を解放し、その自由を尊重する思想

□ 188
①学問・芸術の伝統・権威を重んじる立場　②純粋に真理・美を追究する態度。「大学を離れたのは□に疲れたからです。」
関 俗世間を離れ芸術の楽しみや学究生活に逃避する境地・態度

□ 189
男性中心主義を告発し、女性の自己決定権の獲得を目指す思想・運動。「□を一種の流行だと思って、終わったと喜んでいる男たちもいる。」
派 女性解放論者・女権拡張論者・女性を大切にする男性

□ 190
自己愛・自己陶酔・うぬぼれ。「健全な□はいいんじゃない、とKは微笑んだ。」
派 自己愛の強い人・自己陶酔型の人・うぬぼれや

解答・ポイント

ダイナミズム dynamism
派 ダイナミック dynamic　対 はスタティック static

アナーキズム anarchism
関 リベラリズム liberalism（＝自由主義）
（＝無政府主義）

アカデミズム academism
関 象牙の塔

フェミニズム feminism
派 フェミニスト feminist

ナルシ（チ）シズム narcissism
派 ナルシ（シ・チ）シスト narcissist

39 三文字 □□□ ダブル／デフレ／トポス／マクロ／モード 形式で覚える外来語60 ⑪

重要度順 次の□に当てはまる語句を答えなさい。

□ 191 ①流行 ②型 ③方法 ④様態（＝存在や行動の様子・仮の形態）⑤音階。
派 模型。「今戦闘□入ってるから。」
表現のために使用する対象物 関（服飾の）流行・風潮・様式

□ 192 多数の要素で構成される体系の全体に重点を置いて見る様子。
「□なことしか言わない自称評論家は無視していいよ。」
対 体系を構成する個々の要素・動きを微細に見る様子

□ 193 二つ・二重・二倍。
「アイスは□で。」派 ①二つの矛盾した命令によって行動不能となること ②国内と海外など、対象によって二つの基準を使い分けること

□ 194 需要が供給に対して少ないために、物価水準が低下する現象
「□で服の値段は安くなったけど、質も落ちてる気がする。」
対 通貨の量が膨張して価値が下落するために、物価水準が上昇する現象

□ 195 ①場所 ②議論すべき問題・意味を帯びている場。
「当時の僕たちにとって部室は特別な□だった。」

解答・ポイント

モード mode
派 モデル model
関 ファッション fashion

マクロ macro（＝巨視的）
対 ミクロ micro（＝微視的）

ダブル double
派 ダブル・バインド double bind（＝二重拘束。たとえば「命令に従うな」など）②ダブル・スタンダード double standard

デフレ（ーション） deflation
対 インフレ（ーション）inflation

トポス topos（希）

40 四文字以上 □□□□…

ア・プリオリ／ステレオタイプ／メルクマール
モラトリアム／リサイクル

形式で覚える外来語60 ⑫

重要度順 次の □ に当てはまる 語句 を答えなさい。

□ 196 見当をつけるための □ 。「近代思想のなかで『柳宗悦 手としての人間』）由をもった同一の行為主体としての自己存在の □ だった…」（伊藤徹 関 主張・目標を強く印象づけるための言葉

□ 197 集団内で共通に見られる単純で固定された概念・イメージ。「十中八、九、新しいことは新奇さの □ でしかない。」（R・バルト『テクストの快楽』）関 型通りで新鮮さ・独創性がないこと

□ 198 ①先天的 ②論理で決まっている認識・概念 ③根拠が必要ない推論。「言語の輪郭と文化の輪郭を同一のものとして論じなければならない前提は、□ に見つかるわけではない。」（酒井直樹『死産される日本語・日本人』）対

□ 199 資源の節約や環境汚染防止のため廃棄物を回収して再利用すること。「 □ が最善と思って疑わない人たち。」派 周期・変化の後で元の状態に戻る循環過程

□ 200 ①社会的な責任が猶予（＝実行する期日を延ばすこと）される青年期。また、そうあろうとする心理状態 ②支払いの猶予。「俺、人生ずっと □ だから。」

解答・ポイント

メルクマール Merkmal（独）（＝指標）
関 スローガン slogan（＝標語）

ステレオタイプ stereotype
関 マンネリ（ズム） mannerism
派 タイプ type
（＝紋切り型）

ア・プリオリ a priori（羅）
対 ア・ポステリオリ a posteriori（羅）
（後天的・経験に基づく認識・概念）

リサイクル recycle
派 サイクル cycle

モラトリアム moratorium
②が本来の意味だが、精神分析学で①の意味で使うようになり一般化

第3章 重要テーマ読解語300

1 思想・芸術　2 国際・地域　3 社会・制度
4 人間・環境　5 物質・生命　6 数理・情報

重要テーマ読解語は、理解の難しいものも多いが、複雑な文章を理解するのに重要な語彙でもある。過去の大学入試の豊富なデータに基づいているが、単に頻度が高いだけでなく、知っているかどうかで、文章への理解の深さと広さが変わってくる語彙を積極的に取り上げた。まずは右ページの説明文を読み、自分で要約してみることで、理解できているかどうかを確認してみよう。次に左ページの空欄補充によって語彙の定着をはかって欲しい。また、右ページ下段の読解マップとコラムを利用することで、語句や内容を整理し理解や興味を広げて欲しい。

◆第3章◆ 重要テーマ読解語 300

1 虚構

虚構／小説／創作／捏造（ねつぞう）／ノンフィクション（五十音順）

↓
参 p.122

●次の文章を読んで 要約 しなさい。

虚構（＝フィクション fiction）という言葉は、作られたものを意味するラテン語（＝ fictio）を語源とする。

文学用語としては、出来事を想像して作られた物語、特に散文で書かれた小説を意味し、随筆、伝記など実際の出来事すなわち事実に基づいたノンフィクション（＝ nonfiction）と区別される。

また、一般の用法としては、事実に基づかず、創作・捏造などによって作られたもの一般に使用される。「科学は虚構だ」「民族は虚構だ」と言えば、それは「科学」「民族」というものが、明確な事実を根拠に存在するものではなく、特定の立場に基づいて歴史的に作られたものであることを意味する。

もちろん虚構は単なる嘘ではない。文学の虚構は現実世界の中で隠された真実を映す鏡の役割を果たしており、また、「科学」「民族」が虚構だと言っても、現実世界に一定の秩序を与えるという大きな役割をもつことは疑いえない。

要約

虚構は元来作られたものを意味し、事実に基づかないものを指すが、文学だけではなく現実世界でも大きな役割を果たす。

読解マップ
虚構（フィクション）↑想像
⇔
ノンフィクション↑事実
↓
小説・創作・捏造

「現実って何なのだろう？」
現実は単なる事実ではありません。様々な虚構を含んでいます。実は、どちらも姿はいつも違っています。たとえば、自分が考える自分と、他人が思う自分の事実＋虚構（思い込み）で出来上がっているからです。現実はまるで複素数＝実数＋虚数のよう。虚数もあって数の論理が解るように、虚構への観察があって初めて現実がわかる、と言えるでしょう。

事実　虚構
現実

1. 思想・芸術

重要度順 次の〔 〕に当てはまる語句を答えなさい。

□ **1** ①作りごと。事実らしく仕組まれたもの ②創作・捏造などによって、作られたもの一般。
「僕はそのとき初めて〔 〕の世界を求めた。」　①対□実　②対ノン□

解答・ポイント
① 虚構(=フィクション fiction)　対 事実　② 対 ノンフィクション

□ **2** 古代の伝説・叙事詩、中世の物語などの系譜を受け継ぎ、近代市民社会を背景に発達した、韻文から解放された自由な文学形式。
「年に二回くらい〔 〕が読みたくなるなぁ。」

小説

□ **3** ①今までなかったものを初めてつくり出すこと。芸術作品として表現すること。された作品 ②つくりごと・うそ。
「さりげなく過去を〔 〕すんなよ。」

創作

□ **4 虚構** でなく事実に基づく、文学作品・映画。
関 虚構でなく事実の記録に基づく文学・映画。「文書の」「記録の」が語源　対

ノンフィクション nonfiction
関 ドキュメンタリー documentary
対 フィクション fiction(=虚構)

□ **5** 事実でないことを事実であるかのようにつくりあげること・でっちあげ(ること)。
「〔 〕の仕方にもセンスが表れる。」

捏造(ねつぞう)

2 比喩／例

擬人法／直喩／比喩／メタファー／例

⇩
参 p.156

●次の文章を読んで 要約 しなさい。

比喩とは共通性ある別の物事に置き換える表現法で、メタファー（＝隠喩・暗喩）、直喩（＝明喩）、擬人法（＝活喩）などがあり、物事を生き生きと実感させる効果をもつ。同種類の中から特に一部を取り上げる例との違いに注意したい。

「りんごはフルーツだ」と言った場合、りんごは、フルーツの中から特に取り上げて示されたものだから例であるが、「ほっぺがりんごだ」と言った場合、りんごは赤いほっぺと共通性をもつ別の物である。ほっぺの傷から出てくるのはりんごジュースではなく、たぶんトマトジュースだろう。もちろんこの場合、りんごはほっぺの比喩で、トマトジュースは血液の比喩と言える。

比喩は一見論理的でない部分をもつ説明だが、創造の可能性をもっている。たとえば科学で「光は波動である」「光は粒子である」と言うのも比喩の一例であり、こうした比喩が量子論によって生まれ、そして一般化したということが、その説明が現在の科学で正しいと認められたことを意味する。

要約

比喩は例と違って、共通性のある別の物事に置き換える表現法で、一見論理的でない説明だが、創造の可能性をもっている。

読解マップ

比喩 ← 共通性のある別の物事
⇔（表現）
例 ← 同種類の物事の一部

比喩とはレンズのようなもの

僕らがレンズをのぞくのは、どうしても何かを眼で捉えたいからですが、比喩を使うのはどうしても捉えて伝えたいことがあるからです。比喩は物事をそのまま伝えないけれど、レンズのように性質や要素を明確にし、思いを百倍にも千倍にも拡大します。「彼女は僕の宝物」「きみの瞳はダイヤモンド」などと愛を語ったり、またジョークをとばしたり…。

光は波動です

比喩

1. 思想・芸術

重要度順　次の □ に当てはまる 語句 を答えなさい。

□ **6** ①同種類の物事の中から特に一部を取り上げて表現する修辞（＝レトリック）　②判断の基準となる過去の事柄・しきたり。
「□ を挙げて説明していただけると、ありがたいのですが…。」

例（文中に出てきたときには、何を説明・主張するためのものであるかを考えるべき大切な表現）

□ **7** 共通性のある別の物事に置き換えて表現する修辞。
「すぐれた □ は、知性を新鮮で生き生きしたものにする。」（L・ウィトゲンシュタイン『反哲学的断章』）

比喩（文中に出てきたときには、どんな主張・思いが込められているかを考えるべき大切な表現）

□ **8** 人間でないものを人間になぞらえて用いる、比喩の一種。
「月が微笑むの、と彼女は □ で幸せを表現した。」

擬人法（＝活喩）
関 ①擬音語・擬声語（「わんわん」「ざわざわ」）　②擬態語（「じわじわ」「てきぱき」）

□ **9** 比喩であることを直接明らかに用いる、比喩の一種。
「サルのような男。海より深い愛。死ぬほど退屈。これらはすべて言いたいことを強調するための □ である。」**対**

直喩（＝明喩）（「りんごのようなほっぺ」など、比喩を直接的に明示する比喩）
対 メタファー・隠喩・暗喩

□ **10** 比喩であることを示す言葉を隠して用いない、比喩の一種。
「『世界は □ だ、田村カフカくん』と大島さんは僕の耳もとで言う…『でもね…この図書館だけはなんの □ でもない』」（村上春樹『海辺のカフカ』）**対**

メタファー metaphor（＝隠喩・暗喩）（「氷の微笑」「りんごのほっぺ」など、比喩を示す「ような」などがない比喩）
対 直喩・明喩

◆第3章◆ 重要テーマ読解語 300

3 韻文／散文

韻文／散文／詩／短歌／俳句

●次の文章を読んで 要約 しなさい。

韻文とは、聴覚で捉えられる一定の規律＝韻律に従って書かれた同じリズムの繰り返しという性質をもつ言語表現のことであり、韻律に従って書かれた同じリズムの繰り返しという性質をもつ言語表現のことであり、主に文学作品での使用に限られるようになった。

それに対して散文は、韻律をもたない点で韻文と対比される。散文は非文学的な内容をもつものに使われていたが、ヨーロッパではルネサンス以後、市民の現実的・世俗的な感覚に合う散文が、文学においても使われるようになり、現在では小説や評論などで普通に用いられる。

韻文による日本文学には、俳句、短歌、詩などがある。俳句は十七音の定型からなり、季語を含むことを約束とする独自の文学である。短歌は三十一音の定型で、平安時代以後は、和歌（＝漢詩に対して日本独自の詩歌）と言えば短歌を指すようになった。詩は近代以降は定型を廃した自由詩・散文詩が一般化した。したがって、韻文と詩は必ずしも同一視できない。

要約

韻律をもたない散文は近代以降、文学を含めて広く用いられるようになったが、韻律をもつ韻文は日本独自の文学を生んだ。

読解マップ
韻文→俳句・短歌・詩
⇔〈韻律の有無〉
散文→小説・評論など

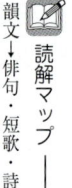

↓
参 p.146

「言葉は歩行か？ダンスなのか？」
詩人ポール・ヴァレリー（1871〜1945）は詩を舞踊（ダンス）にたとえ、散文を歩行にたとえます。身体の移動を、目的地へ向かう手段としての歩行と、目的地をもたないダンスの二つに分けて考えます。言葉にもまた意味を伝える日常言語と意味よりも美を形成する詩的言語があるからです。歩行が日常言語なら、ダンスが詩的言語なわけです。

日常言語

詩的言語

1. 思想・芸術

重要度順　次の ☐ に当てはまる 語句 を答えなさい。

☐ **11** ①美的感動を凝縮して表現した文学形式 ②心に訴え、心を清める作用をもつもの。
「これ、俺の ☐ のノートっす！」
②神・英雄の事績を歌い上げる長編の **物語** ☐　関 詩文を集めた書物

☐ **12 俳諧** ＝五・七・五の句と七・七の句を連ねる歌）の**発句**（＝発端の句）を継承した五・七・五の定型の詩。
「☐ なんて学生のとき以来だわ。」関 ① ☐ に必須の季節を規定する語　②滑稽・風刺・機知などを特色とする五・七・五の無季の詩

☐ **13** 五・七・五・七・七の定型の和歌。平安以降の和歌の代表。
派 ①**諧謔**（＝気の利いた冗談）・滑稽を詠んだ ☐ 　②下手な ☐
「中には ☐ が一首だけ書いてあって、ひいた。」

☐ **14** 韻律・字数などに制限のない文章。
「☐ にはエロティシズムが無いじゃないか。」
派 味わいや奥行きがない・詩情に乏しい・まとまりがない　対

☐ **15** 同一・類似の響きのある言葉を一定の間隔・位置に並べた文。言葉が一定のリズムをもつ文。
「☐ は耳に心地いい。」
派 言葉がもつ一定のリズム　対

解答・ポイント

関 **詩**（＝ポエム poem）
派 ①抒情詩　②叙事詩
関 アンソロジー anthology

俳句
関 ①季語
②川柳

短歌
派 ①狂歌　②腰折れ（歌）（上の句と下の句が腰のところで折れてつながらないという意味）

散文（「散」は制限がないことを示す）
派 散文的
対 韻文

韻文
対 散文

4 芸術

感覚／芸術／創造／直観／モチーフ

参 p.26〜p.120

● 次の文章を読んで 要約 しなさい。

芸術とは、他人と美的体験を共有できる手段、**媒体、対象**などを**創造**する活動、過程、結果のことを言う。

したがって芸術は、権威によって認められた高尚な美などではなく、表現者が**創造性**を発揮し、鑑賞者が**感性**でそれを受容することによって成立するものであり、その**創造**の動機となった中心的な題材は**モチーフ**と呼ばれる。

芸術は自然によって自発的に**創造**される被造物とは異なると同時に、技術や知識によって**概念**的に**創造**される物とも異なり、**直観**的なものであると同時に、その鑑賞には表現の前提である様式への知がある程度必要とされる。**芸術**は社会の構造や思想の枠組みの違いを超え、**感性**に満足を与えるものであり、近代では**感性**の基礎となる**感覚**の領域とその**対象**となる絵の具や音といったマテリアル（＝材料）で、美術・音楽・文学・舞台芸術などのジャンルに分類されたが、現代では**芸術**の境界もジャンルも曖昧化し、様々な**芸術現象**が見られる。

要約

芸術は表現者と鑑賞者の伝達によって成立し、感覚の領域とマテリアルで分類されるが、現代では様々な芸術現象が見られる。

📝 読解マップ

芸術 ─┬─ 表現者 → 創造性
　　　└─ 鑑賞者 ← 受容 ＝ 感性

↓
感覚の領域とマテリアルで分類
↓
様々な芸術現象

「美しい、ってどういうこと？」
美とはまず喜びの根源的なものと考えられますが、美には比率が見出されるという考え方があります。周波数の比率で美しく協和する和音、縦と横の長さの比率で美しく見える長方形。カードやノートなど、身近な物が意外なほど相似形だったりします。

1. 思想・芸術

重要度順 次の □ に当てはまる 語句 を答えなさい。

□ 16 他人と分かち合える美的な物体・環境・経験を生み出す人間活動とその**成果**（＝よい結果）。
「作品のすべてが、□ という独自の、自律的な文化領域に包摂されている…」（浅沼圭司『読書について』） … **芸術**

□ 17 刺激によって意識される経験。感じ取ること、またその心の働き。
関 □ を通して事物・事象の総体・意味を知ること … **感覚** 関 知覚

□ 18 ①以前になかったものを初めて作り出すこと ②**神が宇宙を造ること**。
「チェックに花柄を合わせるという □ にも、もう慣れた。」 対 … **創造** 対 模倣

□ 19 推論でなく直接的に**対象**を捉えること。直接的に全体・本質を捉える認識能力。
「その狙いは…自分とものとの間の知的空間を □ によってとり除くことにある。」（塚本明子『芸術について』） 異 感覚的に捉えること … **直観** 異 直感

□ 20 ①芸術作品などを生み出す際の動機、その動機となった題材 ②**芸術作品**などを構成する基本的な単位。
「彼女はハートの □ を好む典型的な女子だった。」 … **モチーフ** motif（仏）

◆第3章◆ 重要テーマ読解語 300

5 オリジナル／コピー

アウラ／オリジナル／コピー／シミュラークル／シミュレーション

⇩ 参 p.124

●次の文章を読んで 要約 しなさい。

アウラ（＝オーラ）とは、元来、人や物が発する独特で微妙な雰囲気を指す。現在では、コピーではないオリジナルの作品に対してだけ感じられる一度きりの近づきがたい現象、という意味で用いられることが多い。

このことの背景には、近代における複製技術の発達によって画集やCDなどコピーが溢れ、芸術が大衆化してアウラを失ったという状況がある。

さらに、現代社会ではオリジナルのないコピーも溢れている。それをシミュラークルと言う。オリジナルとコピーの二項対立が成立しないシミュレーションの中にあるすべてのものを指す。写真や映画、ゲームやディズニーのキャラクター、そして商品の多くがそうである。どこにもオリジナルの人物や物体は存在しない。コピーのコピーにより無限に増殖可能である。

したがってコピー可能な、アウラなきシミュラークルの中で、いかにして自分なりのアウラを見出せるかが、現代人の重要課題と言えるだろう。

要約

複製技術の進歩により、アウラなきシミュラークルが溢れる現代では、人がそこに自分なりのアウラを見出すことが重要だ。

📖 読解マップ

オリジナル⇔コピー
←〈複製技術〉
コピーの増殖
シミュラークル＝オリジナルなきコピー
⇩
自分なりのオーラ

「自分なりのオーラって？」
僕らは大切な人といて、あるいは一人でいて、この経験、この時間は一度きりで、自分の人生は一度きりのオリジナルなものだと感じます。そんなときにはコピーできない自分だけのオーラが、きっと僕らを包み込んでいるのでしょう。

〈シミュラークル〉
どれが本物？

126

1. 思想・芸術

重要度順 次の □ に当てはまる 語句 を答えなさい。

□ 21 ①複製、模写、翻訳などに対して、その際の原型となる作品 ②独創的。
対「何が □ かに興味はない。」

→ **オリジナル** original
対 コピー

□ 22 複製・複写・模倣・模造品・広告文・宣伝文句。
対「これ三部ずつ □ とっといてくれる？」

→ **コピー** copy
対 オリジナル

□ 23 模擬実験。複雑な問題を解析するためのモデル（＝模型）による実験。現象・システムを模擬的に再構成すること。
「彼女とのデートを □ してみよう。」

→ **シミュレーション** simulation

□ 24 人や物が発する独特で微妙な雰囲気。コピーにはないオリジナルの芸術作品がもつもの。
「なんだこの □ は…！」
「ベンヤミンは、 □ を感じることが本物の芸術の証だと考えました。」

→ **アウラ** aura（＝オーラ）（ヴァルター・ベンヤミンはオリジナルな作品がもつ崇高で一回きりの不気味なものをアウラと捉えた）

□ 25 コピーとしてのみ存在し、現実の中に対応するオリジナルが存在しない記号的なもの。
「薄々感づいてはいたが、私は彼にとって □ だったのだ。」

→ **シミュラークル** simulacre（仏）

第3章 思想・芸術

6 ヒューマニズム

近代社会／現代思想／人道主義／人間中心主義／ヒューマニズム

⇩
参 p.158

●次の文章を読んで 要約 しなさい。

人間性の尊重、人間の解放を目指すヒューマニズムは、ルネサンス期の市民文化を貫く思想であったが、時代とともに多様な意味で用いられるようになり、現代では、非人間的な科学の進歩から人類を守ることなどを課題とする。

工業化の過程でヒューマニズムから派生したのが人間中心主義であり、これは近代社会の思想の基調となった。真理や善の根拠を神の中に見出そうとした中世の社会とは異なり、近代社会はそれを理性ある人間の中に見出そうとした。さらに現代思想においては、近代社会は、人間が自然の中でもっとも進化した中心存在だから、自然環境は人間が利用するためのものだと考えるのが人間中心主義であるとされ、特に環境倫理学の観点から強く非難される。

またその一方で、武力対立や災害・飢饉などの事態においては、人間性を発揮して他者を救助すべきだという人道主義が現れる。これもまたヒューマニズムの一形態である。

要約

人間性の尊重、人間の解放を目指すヒューマニズムは、近代社会の基調となる人間中心主義を生む一方で、人道主義の形をとる。

読解マップ

ヒューマニズム
…ルネサンス期の市民文化

人間中心主義
…近代社会の思想の基調
⇅
人道主義
…現代思想（環境倫理学）

「人間」は消滅するだろう
20世紀の知の巨人ミシェル・フーコー（1926〜84）の言葉。「人間」＝「自分のことを自分で考える主体」という人間中心主義の理念は、やがて砂絵のように消滅すると彼は語りました。

人間

1. 思想・芸術

重要度順 次の□に当てはまる 語句 を答えなさい。

□ **26** 人間が**合理主義**によって自然を統御することを目指し、**資本主義・民主主義・個人主義**を基調とする社会。
「自分はずいぶん□の恩恵を受けていると感じる。」
→ **近代社会**

□ **27** 人間性の尊重、人間の解放を目指す思想・態度。
「僕なんて□のかたまりだろ？」
→ **ヒューマニズム** humanism（＝人間尊重主義）

□ **28** 神に代わって人間を世界の**中心**であるとする、西欧近代において成立した立場。**現代思想**においては人間の利害を中心とする立場を言う。
「人類に□的な時期があるのは、自然なことじゃないかしら。」
→ **人間中心主義**

□ **29** 人類全体の福祉の実現を目指して、人間らしい行動をとる思想態度を指し、人間は人間性を発揮して**他者を救助すべき**だとする立場。
「□は趣味の範囲でお願いします。」
「白樺派の作家は□を理想とした。」
→ **人道主義**

□ **30** 近代の思想の壁を突破しようとする、20世紀後半、特に1980年代以降に広く流布した西洋哲学に根ざす思想。**構造主義**や**分析哲学**など。
「難しく考えなくても、□はけっこう感覚的に把握できるよ。」
→ **現代思想**

7 具体／抽象

具体／現象／捨象／抽象／本質

⇩
参
p.152

●次の文章を読んで 要約 しなさい。

「具体」は「体・象（＝姿・形）」を「具（そな）」えていることを言うが、具体的なものは個別的・物質的な性質をもっており、感覚の対象となる。

一方「抽象」とは、対象からある性質を「抽」きだすことを言うが、抽象的なものは一般的・観念的な性質をもっており、思考の対象とすることができる。具体的なものを抽象することで、現象から切り離して対象の本質を捉え、他との共通性を通じて対象の一般性について考えることができるようになる。

だが、同時に抽象は必ず他の性質を「捨」てることでもある。このことを「捨象」と言うが、たとえば「猫」という具体的な存在を「動物」と抽象すると、「気まぐれ」「魚が好き」など、様々な他の性質を捨象することになる。したがって、抽象と捨象は同一作用の二つの側面である。

ちなみに、抽象的か具体的かは相対的である。たとえば「乗り物」は「クルマ」と比べれば抽象的であるが、「物体」と比べれば具体的である。

[要約]
具体的なものを抽象することによって思考の対象とし、本質や一般性を捉えることができるが、抽象は捨象と表裏の作用でもある。

📝 読解マップ

具体 → 個別的・物質的
　　　 ＝感覚の対象
⇔
抽象 → 一般的・観念的
　　　 ＝思考の対象
⇌
捨象　　＝本質・一般性

【具体的に説明しなさい、とは？】
現代文の設問でよく見かけますね。こんな条件があるときは、問題文の中で最も具体的な内容を捉えて説明する必要があります。文中に具体例があるならば、それも利用してなるべく具体的に。

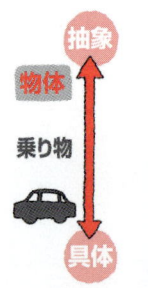

抽象
↕
物体
乗り物
↕
具体

1. 思想・芸術

重要度順 次の □ に当てはまる 語句 を答えなさい。

□ 31 姿・形を具えていること。感覚で捉えられるものであること。
「その □ 例は最初の話と微妙にずれてるんですが…」

□ 32 ①それなしには存在し得ない性質・要素。現象の背後に潜む恒常不変で一定である②実存を離れ定義によって言われるもの。
「彼女の □ とかどうでもいい。」①対□象 ②対□存

□ 33 時間・空間内に現れ、感覚が捉える外面的・個別的な対象。
「彼女という □ を僕は捉えあぐねていたんだ。」派□

□ 34 ①対象からある性質を抽きだすこと②他との共通性に着目し、一般的な概念にまとめ上げること。
「具体と □ を行き来する訓練を積もう。」
派 概念的で一般的・現実離れした 対①□体 ②□象

□ 35 対象からある性質を抽きだす際に、抽象しなかった他の性質を捨てること。したがって常に抽象と一体化している。
「もっといさぎよく □ していけ。」

解答・ポイント

具体
派 具体的
関 具象
対 抽象

本質
対 現象 ②対 実存（現実に存在する具体的存在。主体性をもつ個人として存在すること）

現象
対 本質
派 現象学

抽象
対 具体
派 抽象的
対 ①具体 ②具象

捨象（英語の abstraction は「抽象」と「捨象」の両方の意味をもつ言葉）

8 普遍／特殊　一般／個別／特殊／媒介／普遍

⇩
参 p.130

● 次の文章を読んで 要約 しなさい。

だいたい当てはまるという意味の一般には例外があるが、すべてに当てはまるという意味の普遍には例外がない。つまり普遍は一般という概念の純度を高めることで成立する。一方個別という概念の強度を高めることで成立するのが特殊である。一般と個別、特殊と普遍は、それぞれ対義の組み合わせである。

ただし、これらの言葉にはそれ以外にも複雑な関わりがある。

誰にとっても「私」という存在の具体的な中身の方は特殊であるが、誰もが「私」という言葉で個別に「私は特殊だ」と一般に考えるという点で、「私」という抽象的な形式の方は普遍でもある。特殊というあり方は普遍で、普遍というあり方は特殊だとも言えよう。

また、特殊な「この私」とは、個別の生命体を媒介して一般に、たとえばDNAという普遍の存在によって実現されていると言うこともできる。特殊と普遍は対立し、個別と一般を媒介して逆説的に結びついているのだ。

要約

個別の強度を高めた特殊と一般の純度を高めた普遍とは対立しながらも、個別と一般を媒介して結びつくという逆説的な関係にある。

読解マップ

普遍＝一般の純化
⇔〈逆説〉⇔
特殊＝個別の強化

「カトリックってどんな意味？」

キリスト教にはバチカンのローマ法王を頂点とするカトリックという組織があります。元来「カトリック」という言葉は、「普遍的」という意味のギリシャ語から生まれました。このことを考えると、カトリックが自らの教えを普遍的教えと考えて世界中で布教活動を行ったことも、またキリスト教世界から自らの価値観を普遍と見なす科学が生まれ普遍的法則を追求する西洋中心主義やことも、けっして偶然ではないと言えるでしょう。

132

1. 思想・芸術

重要度順 次の □ に当てはまる[語句]を答えなさい。

□ 36 だいたい当てはまること。いろいろな場合・事物に広く認められ、成り立つこと。
派 部分的な事柄を全体的に成り立つ事として主張すること

□ 37 全体を構成する一つ一つ・一人一人。それぞれを別に扱うこと
「いちいち □ になんか見てられないよ。」対

□ 38 ①すべてに当てはまること。時代や場所を問わず言えること ②宇宙や存在の全体に関わること。
「□ 性があるのなら、いずれ残っていくだろう。」
派 共通性を取り出し、**概念・法則**を引き出す 対

□ 39 他と特に区別されること。全体の一部にだけ関わること。
「□ なこと自体に、特に価値は無い。」対

□ 40 橋渡し。二つのものの間に入って仲立ちし、関係を取り持つこと。あるものを他のものを通じて存在させること。
「もちろん親は子供に社会を □ するが、常に不十分な存在なのです。」
派 仲立ちする人・取り持ち役

解答・ポイント

一般
派 一般化
対 個別

個別
対 一般

普遍
派 普遍化
対 特殊

特殊
対 普遍

媒介
派 媒介者

◆第3章◆ 重要テーマ読解語 300

9 帰納／演繹

演繹／蓋然的／帰納／三段論法／類推

⇒ 参 p.132

●次の文章を読んで 要約 しなさい。

　人はある事実を前提に、他を推論して理解を広げようとする。ある個別の事物から他の個別の事物へと、両者の類似（＝analogy）に基づき推論を及ぼすことを類推（＝analogy）と呼ぶ。もちろん得られる結論はきわめて蓋然的であり、証明されなければ正しいとは言えない。学問上の仮説の多くもこれに該当する。

　また、個別の事実の集まりから、その共通性に基づいて、一般の法則を導く推理法を帰納と呼ぶ。過去の人々が死んだという共通性から、人間はすべて死ぬという一般の法則を導く場合の推理だ。もちろんすべての人間が死ぬのを観察できるわけではないから、帰納による推理も蓋然的なものであり、これは過去の科学上の法則が訂正されることからもわかる。そしてこれとは逆に、一般の法則から、論理を積み重ねて、個別の必然的な事実を導く推理法を演繹と呼ぶ。人間は死ぬから私も死ぬと推理する場合であり、二つの前提となる判断を積み重ね、一つの結論として判断を下す三段論法などもその代表である。

要約

　人は常に既定事実を前提に他を推論し理解を広げるが、類推以外にも、個別から一般を導く帰納と一般から個別を導く演繹がある。

読解マップ

推論＝理解を広げる
類推＝個別↓個別…蓋然的
帰納＝個別↓一般…蓋然的
演繹＝一般↓個別…三段論法

「帰納と演繹の覚え方は？」

両者の違いが覚えにくいと感じる人へ。そんな人は帰納（個別↓一般）が抽象化（具体↓抽象）に近くて、演繹（一般↓個別）が具体化（抽象↓具体）に近いと考えましょう。個別は一般より具体的で、一般は個別より抽象的だからです。そこで頭の音から「きちゅ（帰納↓抽象化）」「えぐ（演繹↓具体化）」と、ゴロ合わせで覚えてみてはどうでしょう♪

きちゅ…
えぐ…

1. 思想・芸術

重要度順 次の ☐ に当てはまる**語句**を答えなさい。

☐ **41** ある**個別**の事物から他の**個別**の事物へと、両者の類似に基づいて推理を及ぼすこと。
「彼女のあの笑顔と声から性格を ☐ しちゃいました。」

☐ **42** 一般的な法則から、論理を積み重ねて、**個別の必然的な事実を導く**。
「☐ 的な考え方もほどほどにしないと、状況を見誤るわよ。」 [対]

☐ **43** **個別的な事実の集まりから、その共通性に基づいて、一般の法則を導く**推理。
「つまらぬ一般論を導くだけの ☐ に意味などない。」 [対]

☐ **44** 確実性はあるが、絶対的ではない。確実と思われる。
「☐ な結論にすぎないけどね。」
[派] 確実性の度合い・確からしさ

☐ **45** 二つの前提となる判断を積み重ね、一つの結論としての判断を導き出す**推論方法**。
「強引でも ☐ で押せばOK!」

解答・ポイント

類推（るいすい）（=アナロジー analogy）

演繹（えんえき）（たとえば、万有引力の法則から、りんごの落下や惑星が互いに引き合うことなどを説明すること） [対] 帰納

帰納（きのう）（たとえば、りんごの落下と惑星が互いに引き合うことから、万有引力の法則を生み出すこと） [対] 演繹

蓋然的（がいぜん）
[対] 必然的
[派] 蓋然性

三段論法（たとえば、すべての人間は死ぬという大前提と私は人間であるという小前提を積み重ねて、私は必ず死ぬという結論を導き出す方法）

10 相対的／絶対的

絶対主義／絶対的／相対化／相対主義／相対的

⇩
参
p.170

●次の文章を読んで 要約 しなさい。

人はみんなの中で「一番（＝first）」になりたい、「一番」好きと言われたいと思う一方で、自分は「唯一（＝only）」の存在でありたい、「唯一」な存在と認められたいと願う。「一番」のように他と比べて成立する状態を相対的、「唯一」のように他から独立して成立する状態を絶対的と呼ぶ。

このように、この二つの言葉は対を成すのだが、それだけではなく複雑に絡み合う。「一番」という相対的状態は誰にも負けないという意味で「唯一」という絶対的状態であり、「唯一」という絶対的な状態はある特定の意味での「一番」という相対的な状態だとも言える。

現在の学問は西洋起源の神学に始まるため、これまでの絶対主義に基づいて絶対的に正しいとされてきた神話を相対化して真実を追究するという過程をもつが、この相対化に基づく学問もまた、絶対的なものは存在しないとする相対主義だけが絶対的に正しいなどと、絶対主義化して神話化する危険をもつ。

要約

他と比べて成立する状態を相対的、他と独立して成立する状態を絶対的と呼び、両者は学問などでも対立しながら複雑に絡み合う。

📝 読解マップ

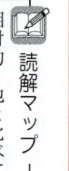

相対的＝他と比べて
　　　↓相対主義
⇔
絶対的＝他と独立に
　　　↓絶対主義

「ほんとうに恋は盲目なの？」
絶対的な存在は相対化されてこそ初めて正しく認識されるのに、恋は相対的に好きな人を絶対的な存在と思いたい欲望と言えます。ここに恋は盲目と言われる理由もあるのでしょうか。しかしまた、恋する者が最も熱心に相手を見つめるでしょうから、きっと相手を最も熟知してもいるでしょう。恋とは、盲目と熟知とが両立する不思議な現象のようです♪

一番で
唯一な
オレ

1. 思想・芸術

重要度順 次の □ に当てはまる 語句 を答えなさい。

□ **46** 他から独立して成立する状態。他との比較や置換（＝置き換え）ができず、他からの制限や制約を受けない様子。
「□ なものを求めてると絶望するよ。」
派 他と比較せずに、それだけを特別に優れていると見なす 対

□ **47** 他と比べて成立する状態。他との比較や関係によって価値や性質が決まる様子。
「美とは □ なものだ。」 対

□ **48** 他と比べて・他との関係から絶対的ではないと捉え直すこと。
「自分を □ できると、少し楽になるよ。」 対

□ **49** すべての真理や価値は絶対的ではなく、歴史や文化や個人による相対的なものであると考える立場。
「□ 者は話していてつまらない。」 対

□ **50** ①絶対的な真理・価値が存在すると考える立場②ヨーロッパ近世（＝中世から近代への過渡期）の絶対的権力をもった君主による政治支配。
「うちの親は医者 □ だからなぁ。」 関 独断（的な説）

解答・ポイント

絶対的（「絶対」とは「対」（＝関係）を絶つ」こと）
派 絶対視
対 相対的

相対的（「相対」とは他と「相対する」こと。偏差値などは相対的評価の一つ）
対 絶対的

相対化
対 絶対化（他と比較や置換することなく、物事の存在や価値を信じること）

相対主義
対 絶対主義

絶対主義
関 ドグマ dogma
対 相対主義

11 主観／客観　客体／客観／主体／対象

●次の文章を読んで 要約 しなさい。

日本語における抽象的な言葉の多くは、西欧の言葉を翻訳して作られた。明治期の近代化がそれを必要としたのである。

英語文法で、主語を意味するサブジェクト（＝subject）、目的語を意味するオブジェクト（＝object）という言葉を聞いたことがあるだろうが、この二つの言葉からは、他にも重要な翻訳語が作られた。

「働きかける側」を意味するサブジェクトを、認識においては主観、行為においては主体と翻訳し、それに対して「働きかけられる側」を意味するオブジェクトを、認識においては客観、行為においては客体、また広い意味をもつ言葉として翻訳した。ただし、サブジェクトとオブジェクトが対立する言葉として把握されるようになったのは近代以降のことであり、今も英語のサブジェクトに「服従している」という意味があることは興味深い。近代以前、主体は神に「服従している」＝働きかけられる側とも考えられた痕跡であろう。

要約

日本語における抽象的な言葉の多くは、西欧語からの翻訳語、の三つでできています。働きかける側であるサブジェクト、働きかけられる側であるオブジェクトなどが翻訳され、近代化のための新たな日本語が作られた。

読解マップ

サブジェクト＝働きかける側
→主観〈認識〉・主体〈行為〉
→主語〈文法〉
オブジェクト＝働きかけられる側
→客観〈認識〉・客体〈行為〉
→目的語〈文法〉

⇩
参
p.158

「日本語は三つの言葉の層をもつ」

日本語は大和言葉、漢語、西欧語からの翻訳語、の三つでできています。大和言葉は漢字以前の話し言葉ですから、音に耳を澄ませてみましょう。はる〈春〉は枝がはる〈張る〉季節。つめたい〈冷たい〉はつめたい〈爪痛い〉って感じです。

大和言葉
漢語
翻訳語
日本語

1. 思想・芸術

重要度順　次の□に当てはまる語句を答えなさい。

□ **51** 認識・行為において働きかけられる側・目標となるもの。
「恋愛の□に見てもらえないんだ。」
派 ①対応して釣り合っている　②照らし合わせる・コントラスト

□ **52** ①認識において働きかけられる側。自分の認識の対象となるもの ②誰にとっても同じであること。
「余裕がないと□的になれないよ。」
派 自分を離れ冷静な態度

□ **53** ①行為を働きかける側・自分の意志に基づいて行動する存在 ②集団・組織・構成の中心。
「いつのまにか自分の人生の□では無くなっていた。」
派 自分の意志によって責任をもって行動する態度 対

□ **54** ①認識において働きかける側・外界を認識する自分の意識 ②自分だけの感じ方・考え方。
「俺には□しか必要ない。」
派 自分だけの見方にとらわれた態度 対

□ **55** 行為において働きかけられる側・行為の対象となるもの。
「自らを□として捉えるよう心がけています。」
対

解答・ポイント

対象
派 対象化
異 ①対称　②対照

客観
派 客観性
対 主観

主体
派 主体性
対 客体

主観
派 主観性
対 客観

客体
対 主体

12 批評

間テクスト性／作品／テクスト／テクスト論／批評

⇩
参 p.146

●次の文章を読んで 要約 しなさい。

作品とは、作者が個性によって創造した完結した表現物を指し、唯一の個性を込めた存在であり、文学や音楽や美術など多様な芸術ジャンルのどれかに当てはまるものだ、とするのが近代以降の考え方であった。

それに対して文学における現代の批評は、分析・解釈の対象となる作品を含む文書一般をテクストと呼ぶ。作者の意図に支配された作品から唯一の正しい意味を読み取るべきだとする作品論の立場ではなく、あくまでも文章それ自体は作者と切り離された自律的なものだと考え、読者が多様な意味を読み取るのだとするテクスト論の立場をとる。まず作者の言いたいことがあって、次にそれが言葉によって表現されるのではなく、言葉との不可分な結びつきによって伝達する内容が成立するという考え方にもつながる。

また、テクストの意味が、引用や参照など、他のテクストの影響を通して、他のテクストと関連づけて読み取られることを間テクスト性と呼ぶ。

要約

現代の文学批評では、文書一般を作者と切り離されたテクストと捉え、他のテクストとの関連も考えて多様な意味を読み取ろうとする。

読解マップ

文学の現代批評＝テクスト論⇔近代
「文章＝テクスト⇔文学＝作品」

　　　読者が多様な　　　作者が唯一の
間テクスト性　意味を読む　⇔　個性を込める　⇔　完結した表現物

「作者の死とは？」

構造主義の批評家・文学者のロラン・バルト（1915〜80）は、「作者の死」を宣言しました。文章を創造した唯一の個性をもつ作者の存在などというのは、近代的な思想の産物にすぎないとし、文章を読むときに常に作者の絶対的な意図を意識して解読しようとするのは不自然だと考えたのです。

1. 思想・芸術

重要度順 次の □ に当てはまる**語句**を答えなさい。

□ **56** 作者が特定の意味を込めて製作したとされる、完結した個性的なもの。
「□ と呼べるレベルにしてから、またおいで。」

→ **作品**

□ **57** 物事の善悪・優劣・美醜・是非（＝良いことと悪いこと）について考え、価値判断を下すこと。
「愛のない □ なんて読む価値もない。」
関 評価する・判定する・欠点をあげつらう・認識能力を吟味すること

→ **批評**（英語では criticism クリティシズム と言い「重大な分かれ目」crisis と語源を共有する）
関 批判

□ **58** ①**分析・解釈の対象**となる多様な意味をもった文書 ②文字データ。
「フロイトの □ のなかに、反フロイディズムをさえ読むこと、それが"読む"ことなのだ。」（柄谷行人『反文学論』）

→ **テクスト** text
派（文章の）前後の脈絡・関係 コンテクスト context

□ **59** 個々の**テクスト**は作者の意図によって支配されたものではなく、他の**テクスト**との相互依存の関係にあるということ。
「□ とはそのテクストを、過去と未来の他のテクストと織り成す言葉の網の目の中で捉えることを言う。」

→ **間テクスト性**（＝相互テクスト性）

□ **60** 作者の意図が**作品**を通じて読者に伝達されるという近代的な文学理論を否定し、唯一の意味から解放された自由で**多様な解釈**を肯定する立場。
「メガネ君たちは日々 □ を交わしていた。」

→ **テクスト（理）論**

◆第3章◆ 重要テーマ読解語 300

13 哲学

原理／思索／事象／思想／哲学

⇨ 参 p.128

● 次の文章を読んで 要約 しなさい。

哲学と思想は、思索を深める点で共通しているが、思想が社会や人間一般をよくしようと働きかける思索の体系なのに対して、哲学は言葉、理性というロゴスによる思索を極限まで推し進めようとする運動である。

哲学（＝philosophy）の語源は、知（＝sophy）を愛し求めること（＝philo）であり、思想のように他人に働きかけようとするのではなく、あくまで自分の知を求めて思索し続けようとする欲望である。

哲学が結果として思想に応用されることはあっても、哲学自体は、思想となることを望まない。なぜなら、哲学は思想が対象とする社会や人間一般に現れる事象よりも、なぜそのように現れることになったのかという原理について思索しようとするからであり、また、哲学はあくまでも真実を愛し求める思索であるため、思想というかたちで他人に働きかけようとすると、むしろ自分の思索の力が弱められてしまうからである。

要約

哲学は、思想と同様に思索を深めるものだが、他人によく働きかけようとする思想と違って、知を愛し原理について思索しようとする。

📝 読解マップ
哲学＝思索　　思想＝思索
自分の知　⇔　社会・人間一般
原理　　　　　事象

「無知の知」とは？
古代ギリシャの哲学者ソクラテス（前470頃〜前399）の有名な言葉。哲学の本質を言い当てた名言とされています。対話を通して自分が知らないことを知らないと知る自己の無知への自覚が、真実への知の扉を開く哲学の本質だというわけです。しかし対話によって自己の無知がさらされることを望まない人々も多いため、ソクラテスは憎まれて死刑を宣告されました。それに対してソクラテスは、死後について自分は無知であると自覚しているので、何も嘆く必要はないと語り、「善く生きる」意志を貫いて法に背き亡命を拒み、死を選んだと言われます。

1. 思想・芸術

第3章 思想・芸術

重要度順 次の□に当てはまる**語句**を答えなさい。

□ 61 ①体系的な思考内容 ②社会・人生に対する思考の**体系**。
異 詩を生み出す感情・着想。詩の中の思想・感情。
→ **思想**　**異** 詩想

□ 62 ①人間の知識欲に根差し、世界や人生の究極の原理を追究（＝考え究きゎめる）する学問 ②経験から築き上げた**思想**。
「誰にでも□はある。」
→ **哲学**

□ 63 事象や認識を成り立たせる根本となる原因・仕組み。
派 宗教・思想において合理主義を否定し、**伝統的価値観を主張する傾向**
「あとは**市場**□がうまくやってくれるさ。」
→ **原理**（＝アルケー arkhē（希））　**派** 原理主義

□ 64 ①認識される出来事・事柄 ②繰り返した行為の結果から確率が決められる事柄。
「もう一度、一つ一つの□をたんねんに検討しよう。」
→ **事象**

□ 65 筋道を立てて深く考えること。
関 ①心で深く考えること　②経験によらない**抽象的理論・空論**
「みだらな□に耽ふけるのを日課としております。」
→ **思索**　**関** ①思惟い　②思弁

143

◆第3章◆ 重要テーマ読解語 300

14 心理

意識／心理／認知／脳科学／無意識

●次の文章を読んで 要約 しなさい。

心理学は、**心理**という心の働きを扱う学問である。まず**意識**を研究対象とする学問として確立されたが、その後、物理学・生理学の成果を基礎に、人間またはその他の動物の行動を研究対象とする**科学**となった。

しかしジグムント・フロイトが、**個人**の行動は**理性**よりも、むしろ**無意識**によって左右されると主張して**近代の人間観**を覆したことにより、彼の考えは精神医学の領域を超え、**心理学**に大きな影響を与えることになった。

現代の**心理学**は実験心理学（＝経験主義の立場から観察・実験によって**心理**を探求する学問）と、臨床心理学（＝心理的な問題により精神に不調をきたした人々への理解・援助に取り組む学問）に大別されるが、精神医学の発達などもあって、むしろ**脳科学**や社会学をはじめとする他の学問領域と連携する**学際**における研究が広がり、いずれも**認知**、行動、知能、感情などを扱っており、これらを研究する学問を**包括**して**心理学**とすることが多い。

要約

心理学は意識の科学から無意識にまで領域を広げ、現代では実験心理学と臨床心理学に大別され、学際研究を包括する学問である。

📝 読解マップ

心理学＝意識の科学
←〈無意識の登場〉
現代心理学
＝実験心理学・臨床心理学
＝学際に広がる研究→包括

⇩
参
p.222

「他者こそが自我を生み出す」
ジグムント・フロイト（1856～1939）の精神分析学を構造主義的に発展させたのがジャック・ラカン（1901～81）。彼によると、たとえば幼児は鏡に映る虚像＝他者を自分自身であると錯覚する経験＝「鏡像段階」を通して、やっと自分という統一された自己像を手に入れ、自我を形成するのです。

1．思想・芸術

重要度順 次の ☐ に当てはまる[語句]を答えなさい。

☐ 66 ①今自分のしていることが自分でわかる状態②対象を認識する心の働き③**主観的**・**個人**的な経験内容。
「胸元を ☐ しないようにするなんてムリだ。」 関 ☐ の中心・主体

→ 意識　関 自我　対 無意識

☐ 67 心の働き。行動に現れる心の動き。
異 ①正しい道理・事態の真相　②取り調べで物事の筋道を明らかにする
「進路を決めるとき、多くの学生が ☐ 学やりたい病にかかる。」

→ 心理　異 ①真理 ②審理

☐ 68 ①今していることが自分でわからない状態②意識されないが精神に影響を与えている心の深層。
「 ☐ を装う訓練は日々怠らないわ。」 対

→ 無意識　対 意識

☐ 69 ①外界の情報を収集し処理して、事象を認め知識を得ること②父が戸籍法の手続きにより自分の子と認めること。
派 知的活動の**分析**・解明を行う学際分野
「男は子供を ☐ するにすぎない。」

→ 認知　派 認知科学

☐ 70 脳とその機能、特に**心脳問題**（＝脳と心の結びつき）を研究する学問。
関 意識に生じる**感覚**的なもの・質感
「 ☐ はすべてを解明する、と彼は鼻をふくらませて言った。」

→ 脳科学　関 クオリア qualia

15 文学

口承文芸／ジャーナリズム／叙事詩／抒情詩／文学

⇩
参
p.118
p.122

●次の文章を読んで要約しなさい。

　文（韻文・散文）で表現される芸術一般を文学と呼ぶ。表現内容よりも表現方法が重視され、特に審美的なものを志向する。様々なジャンルと近接し、ネット上での配信も増えて視覚イメージを取り込んだ新たな文学の出現も考えられるが、ジャーナリズムなどの報道・解説・批評の言語表現とは区別される。
　文学の形態は、古くは文字がなく口伝えで広がる口承文芸（＝口承文学）に始まったが、文字が生まれて書き取られるようになると写本の形で流布するようになり、さらに15世紀以降の印刷技術の発達後は、印刷された書籍の形で出版されるようになった。長い間文学の中心は音声で受容される叙事詩・抒情詩などの詩や、あるいは演劇であったが、活字の普及などメディアの変遷もあって、近代以降は小説が中心となった。
　また、文学を研究・批評する評論文などの中でも、特に優れた文章に関しては、それ自体を文学と呼んで評価することもある。

要約

> 文学とは、文で表現される芸術一般のことで、口承文芸に始まり、その中心は詩や演劇から近代以降は小説へと移っていった。

読解マップ

文学
　口承文芸 ⇔ ジャーナリズム
　口承文芸…口伝え
　← 文字の発明
　叙事詩・抒情詩・演劇…音声
　← 印刷技術の発達
　小説…近代以降

「青少年を堕落させるものは？」

明治後期には小説が青少年を堕落させると言われました。それが今ではセンター試験でも出題されます。その後は映画、続いてテレビ、漫画、アニメ、テレビゲームが…。大人は自分の青年時代に存在しなかったものを認めたくないだけなのかもしれません。なかなか人は青年から成長しないということでしょうか。

漫画は駄目！
アニメはだめ！
ゲームはダメ！

1. 思想・芸術

重要度順 次の ☐ に当てはまる 語句 を答えなさい。

☐ **71** 文・言語を表現の**媒体**とする芸術。
派 作者の純粋な芸術意識によって書かれた文・言語による芸術
「○○○○○とかよくわからないけど、小説は好きです。」

☐ **72** マスメディアによる、時事問題に関するニュース・論評・特集の取材・製作・**供給**などの活動。
関 マスメディアが広く伝えること・知らせ
「みんな○○○○○に金を払う気になれないんだよ。」

☐ **73** 神・英雄の事績を歌い上げる長編の**物語詩**。
派 事件・事実をありのままに述べ記すこと 対
「エピックレコードのエピックって、○○○○○?」「うんそうだよ」

☐ **74** **主観的**な思いや感動を歌う詩。
派 感情を述べ表すこと 対
「あいつの一大○○○○○朗読会はもうマジ勘弁。」

☐ **75** 文字ではなく、口伝えで**伝承される文学**。
派 歌い継ぎ語り継いで、口伝えで伝えること
「○○○○○はあけっぴろげで親しみやすいよ。」

解答・ポイント

文学
派 純文学

ジャーナリズム journalism
関 報道

叙事詩
派 叙事
対 抒情詩

抒情詩
派 抒情（＝叙情）
対 叙事詩

口承文芸（＝口承文学 柳田國男による訳語。民間で伝承されてきたが、印刷技術の登場で衰微）
派 口承

◆第3章◆ 重要テーマ読解語 300

16 越境

越境／横断／交通／内破／布置

⇨
参
p.180
p.208

読解マップ

現代＝脱近代（ポストモダン）
←近代を越境
新たな知や制度

●次の文章を読んで 要約 しなさい。

現代という時代は、脱近代（＝ポストモダン）などと言われることからも解るように、依然として近代（＝モダン）の知や制度に依存している一方で、そのような知や制度によって解決できない事態にも直面している。

そこで重要となってくるのは、近代が作り上げた知や制度をどのようにして越境するかという現代思想上の問題である。

そのためには近代的な制度のあり方を内破し、異なる領域を横断して、新たな問題を解決できる制度を構想しなければならない。

そこで観念的な〈自己／他者〉の区別によって意識される自己に基づいて世界を解釈するのではなく、自己と他者がいかに間主観性（＝共同主観性）、さらには間身体性によって差異の体系として布置されているかを知ることによって、自己と他者との交通によって新たな知を立ち上げ、さまざまな問題を解決する手がかりを得ることが望まれる。

要約

現代は近代的な知や制度に依存し、解決できない事態に直面しており、自己と他者との交通により新たな知や制度を構想すべきだ。

「越境する作家たちって？」

現代では、日本人でない日本語の作家リービ英雄さんや、日本人である英語の作家カズオ・イシグロさんといった存在が広く認められるようになっています。しかし国民文学の成立以来、日本国民だけが国語としての日本語の美しさを知っているのだといった思考が長く存在していました。ですから彼（女）たちは国民国家という近代の制度を越境しなければ作家になることができなかったのです。

148

1. 思想・芸術

重要度順 次の□に当てはまる語句を答えなさい。

□ 76 ①無意識的な行為も含め、二者以上の複数間で交流する・行き交うこと ②人や乗り物が行き来すること。
「情報はなるべく□させたほうがよい。」①対

→ 交通（近年「交流」に代わる用語として使用される）①対 疎外

□ 77 ①複数の組織・地域の境界を越えて行うこと ②横に通過すること。
「人文・**自然科学を**□する知の全貌を示すって、そんなことできる？」対

→ 横断（グローバル化する現代において、他者の異質性を認める重要概念）対 縦断（縦に断ち切ること）

□ 78 既成の境界・枠組み・カテゴリー（＝範疇＝同じ性質のものが属する部類・部門）を越える。
「キミのココロに□したい。」「□する力が**感性である。**」（桑子敏雄『感性の哲学』）関 複数の異なる学問分野に関わること

→ 越境 関 学際

□ 79 ①因果関係によらず、同時的に物事が適当に配置されること ②物事をそれぞれの位置に並べ置くこと。
「内面と出来事が□されていると思えたとき、人は運命を感じる。」

→ 布置

□ 80 自分・制度などを内側から破っていくこと。
「本の内容紹介に近代知を□するって書いてあるけど、どういう意味？」「内側から爆発するんだろうな。やっぱ芸術やアレみたいに。」「えっ？」
関 遊牧民。外や他と自在の関係をもつ在り方。

→ 内破（ないは）関 ノマド nomade（仏）

17 言説

言説／差別／制度／ネットワーク／抑圧

⇩
参 p.140

● 次の文章を読んで 要約 しなさい。

言説（＝ディスクール）とは、もともとフランス語で「語る行為」「語られる内容」「おしゃべり」といった意味を指す言葉であるが、「ある事柄について語られることの全体」という意味をもつ批評用語として使われる。

たとえばミシェル・フーコーは「狂気」について、ある時代のあらゆるジャンルのテクストにおいて何が「狂気」として語られ何が語られなかったか、また新たに何が語られるようになったかといったことを歴史的に分析した。それは人間が無意識のうちにどのような制度・権力と結びついているか、どのような抑圧・差別を行っているかを意識化し、明確にするためである。たんにイデオロギーに対する批判や攻撃を行ってすますのではなく、どうしてそのように語られたかということへの徹底的な分析を行うことで、時代や自己への認識を深めるとともに、理念や理論の根に宿る制度と権力のネットワークまでも明らかにすることができるのである。

要約

言説の歴史的な分析が、時代や自己への認識を深め、無意識に宿る制度と権力のネットワークを明らかにすることを可能にした。

📝 読解マップ

ディスクール（＝言説）分析
↓時代・自己
↓無意識に宿る制度・権力

⇔ イデオロギー批判

「絶対的な真理は存在しない」

ミシェル・フーコー（1926〜84）は構造主義・ポスト構造主義の代表者。彼はある理論が絶対的な真理とされるとき、それを可能にした権力と自我の関わりについて考えます。もともと絶対的な真理があるのではなく、ある時点でもともと絶対的な真理があったと思い込まされたと考えるわけです。

ある時点で、もともと絶対的な真理があることにされたんじゃ…

150

1. 思想・芸術

重要度順 次の ☐ に当てはまる 語句 を答えなさい。

☐ 81 ①学習して強制的に従うべきだと、暗黙のうちに了解されている社会の決まり ②制定された規則。
「近代家族は、一対の男女による結婚を推進する☐として機能してきた。」

制度

☐ 82 ①差をつけて扱う ②特定の個人・集団に対して恣意的に正当な理由もなく、不当な扱いをする・不利益を強制する。
「☐はおそらく、される側ではなく、する側の弱さから生まれる。」

差別
派 **差別化**（＝差異化）

☐ 83 ①無理に抑えつける ②不快な感情・観念などを無意識に抑えつける。
「親からの☐を客観的に認識するのは難しい。」

抑圧

☐ 84 ある特定の事柄について実際に語られた言語表現の全体。
「芸術は現実の再現・模倣であり、したがって非現実の仮象・仮想だとする**伝統的な**☐…」（西村清和『電脳遊戯の少年少女たち』）

言説（＝ディスクール discours（仏））

☐ 85 ①組織網 ②放送網 ③インターネットによって形造られたメディア。
「今日のプライバシーは、管理と同様、☐のなかにある。」（W・ボガード『監視ゲーム』）派 個人・組織間における情報交換。対等で自立した個人が自発的に参加し、ゆるくつながり自在に動く組織原理。

ネットワーク network ③の意味
派 **ネットワーキング** networking での使用が増えている

18 形而上／形而下

形而下／形而上／形而上学／脱構築／ロゴス中心主義

⇩
参
p.130
p.158

● 次の文章を読んで 要約 しなさい。

　英語では「物理的」「肉体的」と同じ語である physical は、物理的な時間・空間の下に形をもって現れ、肉体に基づく感覚・知覚で捉えられるものを言う。一方、その対義語であり、形の支配を上回り超える (meta) といった印象を与える形而上（＝メタフィジカル metaphysical）は、形をもって現れない、思考・精神でのみ捉えられるものを言う。

　形而上学とは、現象の背後に在る本質、存在の根本原理などの形而上を思惟、直観によって探求しようとする西欧哲学の一分野であり、世界は永遠不変の真理＝ロゴスによって成立すると結論づける。だが現在、こうしたロゴス中心主義を原理とする形而上学の体系を形作る優劣のある二項対立（たとえば〈本質⇔現象〉など）に基づく既成の固定観念を解体することが望まれる。価値の序列のない他者との関係の可能性を開き、世界の生成の瞬間を構築するためである。このような一連の試みはジャック・デリダに従って脱構築と呼ばれる。

要約

世界は永遠不変の真理＝ロゴスによって成立するというロゴス中心主義を原理とする形而上学を脱構築することが望まれる。

読解マップ

形而下＝形をもつ
　　　＝感覚・知覚で捉える
⇔
形而上＝形をもたない
　　　＝思考・精神で捉える
＝形而上学・ロゴス中心主義←脱構築

「美しい風景・音楽と美しさ」
視覚で捉えられる美しい風景も、聴覚で捉えられる美しい音楽も形而下の存在ですが、一方、美しさそれ自体は見ることも聞くこともできない、思考と精神で捉えられる形而上の存在なのです。

形而上
美しさ
美しい風景　美しい音楽

形而下
うっとり

1．思想・芸術

重要度順 次の ☐ に当てはまる 語句 を答えなさい。

☐ **86** 具体的な形をもって現れず、思考・精神でのみ捉えられるとされるもの。
「リア充は ☐ のことを考える必要がない。」
→ **形而上**（＝メタフィジカル metaphysical）

☐ **87** 物理的な時間・空間の下に形をもって現れ、肉体に基づく感覚・知覚で捉えられるもの。
「☐ の世界に生きるのが俺のポリシー。」
→ **形而下**（＝フィジカル physical）

☐ **88** ①**現象**の背後に在る**本質**、存在の根本原理などの形而上を思惟、**直観**によって探求しようとする西欧哲学の一分野 ②**神学**。
「☐ は私の暇つぶしです。」派 ☐ を虚偽と否定し、批判すること
→ **形而上学**
派 形而上学批判

☐ **89** 西欧の**形而上学**を形作る仕組みである二項対立を解体することで、これまで隠蔽・排除されてきたものを暴き出し、批判するとともに知の再構築を試みること。
「思考停止を不正と断じるデリダは、『☐ は正義なのである』と語った。」
→ **脱構築**（ポスト構造主義における重要語）

☐ **90** 永遠不変の**真理**＝ロゴスが世界の背後に隠れており、それは言葉＝ロゴスによって捉えられるとする、**形而上学の中心原理**。
「女が ☐ に陥ることなど無い。」
→ **ロゴス中心主義**（デリダに従って、プラトン以降の哲学伝統を批判するときに用いられる）

19 リアリズム／ロマンティシズム

現実主義／写実主義／シュールレアリズム／リアリズム／ロマンティシズム ⇨ 参 p.26〜

●次の文章を読んで 要約 しなさい。

リアリズム（＝レアリズム）とロマンティシズム（＝ロマン主義）は、自己、世界を捉えるときの相反する傾向・態度のことである。

リアリズムとは一般に、主義・思想にこだわらず、また空想・夢想に陥らず、現実に即応して事を処理する現実主義のことであるが、芸術においては、現実を美化・理想化せずに、模写・再現しようとする写実主義に近い。ただし厳密には、現実を正しく反映させるために非現実的なものも利用することを認めるという点で写実主義とは異なる。

一方、ロマンティシズムとは一般に、空想や夢想の世界にあこがれ、現実から逃避して、甘い情緒や感傷を好む傾向、態度のことだが、芸術においては、個性・自我の自由な表現を尊重し、情緒や想像力を重んじる傾向のことである。理性の支配を退け、夢や幻想など非合理な潜在意識の世界を表現しようとするシュールレアリズム（＝超現実主義）もロマンティシズムの発展形態である。

要約

リアリズムとロマンティシズムは、自己、世界を捉えるときの相反する傾向・態度のことであり、芸術の大きな思潮ともなった。

読解マップ

リアリズム（＝レアリズム）
↓現実に即応…現実主義
↓現実を再現…写実主義

⇔

ロマンティシズム（＝ロマン主義）
↓空想や夢想・情緒や想像
↓シュールレアリズム

「ロマン主義の影響とは？」

18世紀後半から19世紀前半のロマン主義の運動は、政治的理想と結びついて革命運動の指導原理となり、また、夢や幻想などを重視することから、そこに抑圧された心を見出す現代思想に大きな影響を与えました。『レ・ミゼラブル』を書いたロマン主義作家ヴィクトル・ユゴー（1802〜85）の死に際してはフランスで国葬がとり行われました。

1. 思想・芸術

重要度順 次の□に当てはまる 語句 を答えなさい。

□ 91 ①**現実主義**②芸術では現実を美化・理想化せず、ときには非現実的なものも利用して現実を正しく反映させようとする傾向。
①「□に満ちたこのお腹のたぷたぷ。」
対 ②

リアリズム realism
（＝レアリスム réalisme（仏））
対 ① 理想主義　② 対 ロマンティシズム（＝ロマン主義）

□ 92 ①空想や夢想にあこがれて、甘い情緒・感傷を好む傾向・態度 ②芸術では個性や**自我**の自由な表現を尊重し、情緒・想像力を重んじる傾向。
「□は僕の人生をちょっとハッピーにした。」対

ロマンティシズム romanticism（＝ロマン主義）
対 リアリズム（＝レアリスム）

□ 93 現実を美化・理想化せずに、ひたすら模写・再現しようとする芸術上の立場。
「□って退屈…とつぶやいて彼女はどっかへ行ってしまった。」

写実主義

□ 94 **主義・思想**にこだわらず、また空想・夢想に陥らず、現実に即応して事を処理する傾向。
「□にはなるのではない、ならされるのだ。」

現実主義

□ 95 **理性**の支配を退け、夢や幻想など非合理（＝**理性**で捉えられないこと）な潜在意識の世界を表現しようとする芸術運動。
「□は考えるんじゃない、感じるんだ。」

シュールレアリスム surréalisme（仏）（＝超現実主義）

20 レトリック

イメージ／概念／還元／真理／レトリック

↓
参
p.184

●次の文章を読んで 要約 しなさい。

「レトリック（＝修辞・修辞学）」にすぎない」と言えば、それは「真理ではない」ことを意味する。ここに見られるのは、レトリックと真理を対立的に捉える古代ギリシャから近代までの哲学に見られる思考である。言語とは、事物や概念・イメージを示し、それを他人に伝える道具だとする考え方である。

しかしぼくらは言葉が、伝達されれば忘れられる道具でないことを生活や文学で経験する。人はあるとき、一つの言葉に感動し、一つの言葉に深く傷つく。

現代の言語学は、言語の音声・表記などのシニフィアン（＝意味するもの）と事物や概念・イメージなどのシニフィエ（＝意味されるもの）を区別し、前者があってこそ後者が生まれ、前者は後者に還元できない多様性をもつとする。

つまり、言語とは単に事実を伝える道具ではなく、認識や思考の枠を広げ、新たなことをも語る可能性を秘めた構造をもつ体系であるとされるようになったのだ。まさにレトリックの知が発展的に生かされたと言えよう。

要約

言語とは単に事物や概念・イメージを伝える道具ではなく、それらを生む体系だとされてレトリックの知が生かされた。

読解マップ

〈近代哲学〉
言語＝事物や概念を語る道具である
⇔
〈現代言語学〉
言語＝事物や概念を生む構造をもつ

「人間を生み出した交換とは？」

フェルディナン・ド・ソシュール（1857〜1913）が「言語」の交換に見出した構造を、文化人類学者クロード・レヴィ＝ストロース（1908〜2009）が文化・社会全体を読む方法に拡充して成立したのが構造主義です。「言語」「貨幣」を交換し、さらには近親相姦をタブーとして「女性」を交換することで親族関係が生まれたとき、文化をもつ人間が誕生したと考えられます。

〈概念・イメージ〉
シニフィエ

犬　dog

シニフィアン
〈音声・表記〉

1. 思想・芸術

重要度順 次の□に当てはまる語句を答えなさい。

□ 96 ①元(もと)・根源・原理に戻すこと ②酸化物から酸素を奪って元に戻すこと。
「男はどうして自分の話に□したがるの?」
派 部分を集めれば全体を再構成できると考え、要素に□して全体を理解しようとする考え方 ① 対 ② 対

還元
① 派 還元主義(=要素論)
 対 敷衍(意味・原理をおし広げて説明する) ② 対 酸化

□ 97 ①言葉を効果的に用いる技術 ②言葉を効果的に用いる原理を研究すること ③文章を飾るための技法。
「その□の必然性が私にはまったくわからないわ。」

レトリック rhetoric
(=①③修辞・②③修辞学)

□ 98 ①普遍的で妥当性のある法則・事実 ②事態の真相(=本当の姿・様子)。
「□に迫る演技に、僕はもうあの子に、だまされてもいいと思った。」
対 偽(ぎ)

真理 (=真(しん))

□ 99 論理的・言語的に大ざっぱにまとめられた抽象的内容。
「彼らには神という□そのものがないのかもしれない。」
派 頭の中だけで考えている 関 一般に共通した考え

概念
派 概念的
関 通念

□ 100 ①心の中に思い浮かべる(像・情景) ②心象・形象・映像 ③全体的な印象。
「きみはかわいいけど、しゃべるとほんと□狂っちゃう。」

イメージ image
(=イマージュ image (仏))

第3章 思想・芸術

157

21 構造主義

構造主義／実存主義／認識論／ポスト構造主義／マルクス主義

⇩
参
p.148
p.162
p.198

●次の文章を読んで 要約 しなさい。

　近代哲学においては、人間という主体が世界という客体をどう認識するか、あるいは、自分が認識している主観と認識されている客観は同一なのか、などという認識論が大きなテーマとなっていた。

　だが20世紀に入ると、社会は歴史の法則によって支配され進歩するという科学的決定論に呼応するマルクス主義、人間の主体性と自由な選択が歴史を動かすという実存主義が力をもった。ところが人間はみな変わらない構造に拘束された存在だという構造主義が現れて、この二つの思想を止揚して乗り越え、現代思想の中心的潮流となった。

　しかし歴史の進歩や人間の主体性を否定し、人間を支配する構造の分析を重視した構造主義も絶対ではなく、構造とは安定したモデルにすぎないと批判され、人間中心主義の否定を継承しつつも、自然や現実は生命のように変化し続けるということを追求するポスト構造主義へと継承されることとなった。

読解マップ

近代哲学……認識論が中心

20世紀哲学…マルクス主義・実存主義
←止揚して乗り越える
現代思想……構造主義
→ポスト構造主義

「構造主義のポイントは？」

構造主義では、歴史の変化も人間の言動も変わらない構造に支配されていると考えます。たとえば未開の文明も西欧科学文明も、同じ構造の関数に違う数値を代入した結果にすぎないといった数学的発想です。自分の思考は常に構造に支配されていますから、まずその思考を生み出す構造を把握しなければ真実に迫れません。こうして、西洋中心主義や人間中心主義も理論上では否定されたのです。

要約

構造主義は、近代哲学を代表した認識論に代わって現れたマルクス主義と実存主義を止揚したが、ポスト構造主義へと継承された。

1. 思想・芸術

重要度順 次の〔　〕に当てはまる**語句**を答えなさい。

□ **101** 認識の方法、認識された知識の起源・構造・範囲などを探究する哲学。
「人間という**主体**が世界という**客観**をどう認識するか、認識される**客観**は同一かということを考えるのが〔　〕さ。」「お疲れ様！」 **対**

□ **102** 文化現象を生み出す全体的で有機的な構造・システムの解明により、体系的秩序の発見を目指す現代思想。
「生きて、日々変化している私を〔　〕的に分析しようとしないで。」

□ 103 社会は歴史の法則によって支配されて進歩するという科学的決定論の立場で、世界を変革して共産主義を実現しようとする理論。
「〔　〕においても…西洋中心主義はほぼ受けつがれている。」（柄谷行人『終焉をめぐって』）

□ 104 主体性と自由な選択により歴史を動かすことのできる人間存在の実存の重要性を強調する立場。
『人間は自由の刑に処せられている』と書いたサルトルは〔　〕者である。

□ 105 構造主義を批判的に継承し、自然や現実は生命のように変化し続けるということを追求する現代思想。
「何その『〔　〕』、みたいな大雑把なくくり方。」

解答・ポイント

対 認識論（人間・事物が存在するとはどういうことかを探求する哲学）
対 存在論

構造主義（ソシュールの言語学に始まり、レヴィ＝ストロースの文化人類学、ラカンの精神分析、フーコーの歴史学、バルトの文学などに受け継がれた）

マルクス主義（マルクスとエンゲルスの共同作業で打ち立てられた）

実存主義（現象学を用いて存在論を展開したハイデガー、ノーベル文学賞を辞退した小説家サルトル、メルロ＝ポンティなどがその代表者）

ポスト構造主義（デリダ、ドゥルーズ、リオタールなどがその代表者）

第3章 思想・芸術

22 他者

アポリア／責任／他者／模倣／理念

●次の文章を読んで　要約　しなさい。

近代哲学は、思考する自我（＝「われ思う」）に哲学の基礎を求めたため、他者の存在は長らく解けないアポリアとされてきた。

だが、ぼくらは生まれたときから、この「自分」として存在したわけではない。「自分」とは、他者との関係によって作られた虚像であり、また、他者を模倣し、その欲望を取り入れて形成されたものだとも言える。

そこで自己よりも前に他者が存在するという哲学が登場する。自分の理解を超える他者の呼びかけに答える（respond）ことが、初めて人に責任（responsibility）ある人格を与えると考えられるからだ。自己は理解し尽くせない他者に答えるという考えは、構造という理念で世界を理解し尽くそうとする構造主義の後、大きな注目を浴びている。

他者のために生きてこそ、人間は有限と無意味から解放されるのである。

要約

人間は、思考する自我を基礎とせず、むしろ理解し尽くせない他者のために生きてこそ、有限と無意味から解放される。

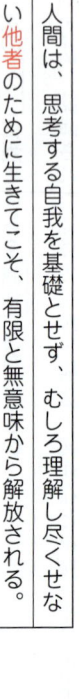

読解マップ

近代哲学…基礎＝思考する自我
　↓
他者＝アポリア

⇔

現代哲学…他者＞自我
　↓
責任主体
　↓
有限・無意味からの解放

⇩
参
p.208

「わたしはナチスの死刑執行人に対しても責任を負います」

みずからナチスの収容所に4年間も収容され、家族・親族のほぼ全員をナチスに虐殺されたユダヤ人の哲学者エマニュエル・レヴィナス（1906~95）の言葉です。どこまでも他者への倫理的責任を追及する彼の哲学の姿勢を示す言葉と言えるでしょう。ジャック・ラカン（1901~81）によれば人間の自我は自分が生み出したものではなく、他者の自我（他我）との関わりで形成・統一されたものです。そんなところにもレヴィナスの言葉の秘密があるのかもしれません。

1. 思想・芸術

重要度順 次の □ に当てはまる 語句 を答えなさい。

□ 106 ①自分以外の者 ②他のものとして認識される存在。
派 □ の固有性・異質性 対
「彼女はいまだに □ との境界が曖昧なんだ。」

□ 107 ①自分が引き受けねばならない任務・義務・償い ②負わされる不利益・制裁。
「まずは自分自身への □ を果たしなさい。」

□ 108 既にあるものや他者の言語・動作をまねる。美学ではむしろ芸術活動の起源とされる場合もある。
「□ じゃないよ、リスペクトだ。」 対

□ 109 ①物事はこうあるべきだという根本的な考え ②理性によって得られる実在・最高の概念。
「□ は他人に要求するものではない。」

□ 110 ①解決できない難問 ②通路・解決法が見出せないことから生じる困難。
「□ 鬱になると、すべてが □ に感じられる。」

解答・ポイント

他者
派 他者性
対 自己

責任

模倣（＝摸倣・ミメーシス mimesis（希））
対 創造

理念（＝②イデア idea（希））

アポリア aporia（希）

23 体系

体系／多様／超越／ツリー／リゾーム

●次の文章を読んで 要約 しなさい。

人間は哲学によって思考の統一を、国家によって社会の統一を、また個人として人格の統一を求められる。特に近代の西欧では、物事を幹＝**超越**する存在と二項対立の思考に基づく枝葉末節の階層によって、理路整然とした**体系**が生み出されてきた。それが合理的であるとされ、思考、社会、人格のあり方を強く支配してきた。このようにして固定化されたあり方、それを支配する思考法を、**現代思想**では**ツリー**（＝樹木・系統樹）と呼ぶ。

これに対して幹＝**超越**する**中心**、枝葉、階層といった**体系**をもたず、**多様**な流れが文化の束縛を越境し、**体系を横断**して相互に交通する網状組織を**リゾーム**（＝根茎・地下茎）と呼ぶ。後者は固定されずに相互に動き続ける生命の力に触れようとする傾向をもち、その復権によって前者を批判しようとする。

しかしまた一方で、前者の合理的な**体系**がなければ、人間は国家や法を生み出すこともできず、共同性を維持することさえできなくなるのだ。

要約

思考、社会、人格のあり方を固定化し、支配する合理的な体系は、生命の力を損なう面もあるが、共同性を維持するものだ。

読解マップ

合理的体系＝ツリー＝樹木・系統樹
　↓
固定化されたあり方・思考法
　↓
共同性を維持

⇔

多様な流れ＝リゾーム＝根茎・地下茎
　↓
生命の力に触れる

「差異を肯定する哲学」

ジル・ドゥルーズ（1925〜95）はポスト構造主義の代表的哲学者。リゾーム（＝根茎）という用語を用いて、固定的な階層構造や体系的思想を重視する形而上学を批判し、生の力を捉えようとしました。リゾームを「生成する異質性」のモデルとし、差異を優劣から解放し、そのまま肯定するのです。

合理的 → ツリー

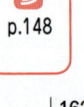

生命的 → リゾーム

1. 思想・芸術

重要度順 次の□に当てはまる語句を答えなさい。

□ 111 ①個々のものをまとめあげ、各部分に分節して全体を形成する組織 ②原理に基づいて各部分が有機的に結びついた全体。「場面とは…空間的、時間的□である。」（畠弘巳『場面とことば』）異 系統的にまとめられた著作

□ 112 いろいろ異なるさま。変化に富んでいること。「目も眩（くら）むほどの□な色彩が、僕はここに居ていいのだと告げていた。」対

□ 113 ①領域を超え出る ②自然界・経験を超えるもの ③意識の外にあるもの。「子どもは自分を□したものに憧れを抱く。」対

□ 114 ①樹木・系統樹 ②物事を幹＝超越する存在＝特権的な中心と二項対立に基づく枝葉末節の階層によって体系として捉え、固定化するあり方、またそれを支配する思考法。「やっぱクリスマス□は白でしょ。」対

□ 115 ①水平に広がる根茎・地下茎 ②特権的な中心がなく、多様な流れが従来の文化の束縛を越境し、体系を横断して相互に交通する網状組織。「体の中にあるDNAも…ぼくたちを自然の□へと組み込む。」（佐倉統『現代思想としての環境問題』）対

▶ **解答・ポイント**

111 **体系**（＝②システム system）異 **大系**

112 **多様** 対 **一様**（同じ様・通り一遍）

113 **超越** 対 **内在**

114 **ツリー tree**（構造）（近代のシステム・枠組みの説明として使われる）対 **リゾーム**

115 **リゾーム rhizome**（仏）（近代の枠組みを超える肯定的な生命のあり方の説明として使われる）対 **ツリー**

第3章 思想・芸術

24 グローバリゼーション

格差社会／グローバリズム／グローバリゼーション／国際化／冷戦

⇨ 参 p.170

● 次の文章を読んで 要約 しなさい。

グローバリゼーションという言葉は、1991年ソ連崩壊による冷戦の終結以後から頻繁に使われるようになった。冷戦の終結による自由貿易圏の拡大と、運輸・ネットなど通信における技術革新によって、国境にとらわれず文化・経済の交通が促進される事態を指している。

それ以前から使われていた国際化（＝インターナショナリゼーション internationalization）との違いは重要である。国際化が国家と国家の間での（＝inter）＝インターナショナル（＝inter-national）＝国家間の異質さを意識したものなのに対して、グローバリゼーション（＝globalization）は国家を超える地球（＝the globe）規模での同質化の動きを意味する。

そして地球全体を一つの共同体、市場と捉え、この動きを肯定するのがグローバリズムであり、環境保全やテロ対策においても強調されるが、また文化の破壊や経済・雇用の不安定化を招き、格差社会を生むと批判する意見も多い。

要約

冷戦以後に広まったグローバリゼーションは、国際化と違って地球規模での同質化を意味し、その是非が注目されている。

読解マップ

冷戦終結＝ソ連崩壊
← 自由貿易圏の拡大・技術革新
グローバリゼーション⇔国際化
〈地球規模・同質〉⇔〈国家間・異質〉

「地球（the globe）から生まれた言葉」

グローバル（global）化＝グローバリゼーション（globalization）は地球（the globe）から生まれた言葉。地球を西欧化しようとする大航海時代の思想が、現在も生き続けているとも言えるでしょう。アメリカの金融資本によって地球を一元化しようとする経済活動が、強引な市場の拡大を求めて地球のグローバル化を押し進めているのが現状です。こうした動きの中で多文化主義的な批判は今後ますます重要なものとなっていくでしょう。

2. 国際・地域

重要順　次の □ に当てはまる 語句 を答えなさい。

□ 116　国家間の相違を意識して、国家の体制を変えていく動き・事態。
　　派 複数の国家が相互に結びつき、影響を与え合う社会

□ 117　国境を越えて、地球規模で拡大する同質化の動き・事態。
　　「□ も受け入れながら異文化は異文化として存在するというあり方になるのが一番良い。」（青木保『異文化理解』）
　　派 世界的な共通の基準

□ 118　①地域・国家・地方より世界の利害を優先するという（アメリカ主導の考え方②世界を国家の集合ではなく、地球という共同体と見る考え方。
　　「□ が諸悪の根源と言うけど、具体的に今守るべき伝統とは何か？」対

□ 119　主に経済面において、富裕層と貧困層に二極化した社会。
　　「努力が報われない □ の絶望を彼らにも少し思い知らせてやりたいのよ。」

□ 120　①武力を用いない抗争②アメリカ中心の資本主義陣営とソ連中心の社会主義陣営の対立。
　　「彼女との仲は □ の様相で、しかも修復不可能な見通しだ。」

解答・ポイント

国際化（＝インターナショナリゼーション Internationalization）
　派 国際化社会

グローバリゼーション globalization（＝グローバル化）
　派 グローバル・スタンダード global standard

グローバリズム globalism（＝汎はん地球主義）（汎）は pan の音訳で「全体にわたる」の意味　対 ローカリズム localism（地方優先の考え方）

格差社会（金融のグローバル化・技術革新・政策上の問題が主な原因とされる）
　対 中流社会（経済的中間層が多い社会）

冷戦（米ソの冷戦は1989年に終結し、ここにイデオロギー対立も終焉し、近代が終わったという考え方が一般的）

25 国民国家

国語／国民国家／国民文学／ナショナリズム／母語

●次の文章を読んで 要約 しなさい。

国民国家（＝nation state）とは領域内の住民を全て国民とすることで一元的に統治しようとする制度であり、近代国家の典型である。地縁・職能などによって結びついていた近代以前の共同体を解体し、全ての住民を国民（＝nation）、つまり同じ民族（＝nation）としてのアイデンティティをもつ存在として直接的に国家と結びつけ、また結びつかない少数者を排除してきた。

それを促進したのが同じ情報や価値観を共有させるマスメディア、同じ内面や歴史に共感させる国民文学などや身振りを習得させる義務教育、同じ内面や歴史に共感させる国民文学などである。こうしてベネディクト・アンダーソンの言う「想像の共同体」が住民に意識され、国民国家という虚構が成立した。その虚構は、日本語を母語とする日本人はみな外国人と異なる均一的な民族であるといったナショナリズム（＝nationalism）を生みだし、現実に強く働きかける。ちなみに現在では、グローバリズムの猛威から住民を守る壁となることを期待する議論も見られる。

要約

国民国家とは全住民を国民として統治しようとする近代の虚構であるが、ナショナリズムを形成して現実に強く働きかける。

読解マップ

国民国家＝近代国家の典型
→＝民族のアイデンティティ
→＝「想像の共同体」
→↓
マスメディア・義務教育・国民文学
↓
虚構＝ナショナリズム
↕
グローバリズム

⇩
参
p.24～
p.148

「ただ政府ありて未だ国民あらず」

明治のベストセラーである福沢諭吉（1834〜1901）『学問のすゝめ』の言葉。帝国主義段階の各国家は国民の創出によって内部的な安定を図りますが、日本でも日清・日露戦争を通して初めて日本人という国民が作られていったわけです。たとえば明治以来の義務教育では、体育の授業で軍隊に向いた同じ走り方や座り方なども教え、懸命に国民という一体感をもたせようとしました。ベネディクト・アンダーソン（1936〜）は国民が創作物だからこそ、民族主義・国粋主義とは異なる健全なナショナリズムが必要だと述べています。

2. 国際・地域

重要度順 次の◯に当てはまる**語句**を答えなさい。

□ 121 民族・国家に対する**個人**の忠誠心に基づく感情・イデオロギー。
「あの頃の日本人には、生きていくために◯が必要だった。」

ナショナリズム nationalism
（＝民族主義・国民主義・国家主義・国粋主義）

□ 122 幼児期に母親など周囲の人から自然に習得する言語。
関 自分が生まれた国や所属する国の言語

母語
（＝マザー・タング mother tongue）
母国語（国家意識を伴う語で、**母語**と一致するとは限らない点が重要である）

□ 123 民族共同体を基盤とし、領域内の住民を全て国民とすることで一元的に統治しようとして政治的に形成された近代国家の典型。
「今の世界を◯の集合と思わせるのが、彼らの仕事である。」

国民国家（＝ネイション・ステイト nation state）

□ 124 ①方言を含め、独立国家で公に認められた言語 ②日本人だけのものという排他的価値観に基づく日本語 ③漢語・外来語を除く本来の日本語。
「ぼくの大好きな◯のせんせい。」

国語

□ 125 国民または民族の固有性を高度に表現しているとされ、**近代の国民国家**成立に伴って形成された文学。
「今や漫画こそ日本の◯と呼ぶにふさわしい。」

国民文学

26 クレオール

オリエンタリズム／クレオール／西洋中心主義／帝国主義／ポストコロニアリズム

⇨ 参 p.166

●次の文章を読んで 要約 しなさい。

　第二次世界大戦（1939～45年）以後、帝国主義の衰退とともに、植民地だった地域も次々に国民国家として独立を果たした。しかし現在も植民地時代の価値観による問題が残存しており、それを扱うのがポストコロニアリズムである。この言葉は植民地の（= colonial）後（= post）の学説（= ism）を意味するが、大航海時代に始まる植民地支配以後の世界を対象とする。

　エドワード・サイードは、西洋人のオリエント（=東洋）に対する見方には常に西洋（=ヨーロッパ）中心主義があり、帝国主義の正当化として機能してきたというオリエンタリズムの理論を唱え、ポストコロニアリズムを確立した。そして現在、ポストコロニアリズムが注目するのはクレオールである。元来クレオールは植民地生まれのスペイン人を指す言葉だったが、従来の民族、言語、国家の枠組みを越境する現象・文化一般を意味するようになり、単一の民族と言語にその統一の根拠を求める国民国家の理念自体を批判する。

要約

オリエンタリズムは、現在国民国家を批判するクレオールに注目する。アリズムは、現在国民国家の理論に基づいて確立されたポストコロニ

読解マップ

国民国家⇔帝国主義の衰退
クレオール↔ポストコロニアリズム
⇔
西洋中心主義　オリエンタリズム
⇔
帝国主義の正当化

「クレオール語とは？」

クレオール語は、異なる言語を話す者たちが意思疎通のために作り上げた新しい言語で、その子孫たちが母語として自然に話すようになって生まれました。他の自然言語と同様の意思疎通を行えるものを言います。生活の現実から生まれたわけです。他にはクレオール料理やクレオール音楽もあります。ジャズなどもその一種と言えるでしょう。

2. 国際・地域

重要度順 次の □ に当てはまる 語句 を答えなさい。

□ **126** 国家が勢力範囲の拡大を目指し、国境外の人々に対して支配権を及ぼそうとする傾向・活動・政策。

解答・ポイント

帝国主義

□ **127** 「□ 時代の制服も、彼女たちの好物なんだ。」

西洋（＝ヨーロッパ）**中心主義**

□ 128 「優れているものを評価しているだけで、俺は □ なわけじゃない。」

オリエンタリズム orientalism
派 オリエンタル oriental

□ 129 西洋（＝ヨーロッパ）こそ最も**文化・文明**の進んだ優れた地域だとする考え方。

□ 元来は東方趣味を指すが、現在では西欧が中東や東洋など第三世界（＝発展途上の国々）への植民地支配を正当化するために抱く偏見。「なに、この □ 溢るる奇妙なインテリア。」 派 東方の・東洋の

クレオール créole（仏）（元来は植民地生まれのスペイン人を指す）
関 エスニシティ ethnicity

□ 129 従来の民族・言語・国民国家の枠組みを**越境する**現象・文化。
関**国民国家**内の複数の民族集団がそれぞれ共有している意識・特徴「南方系の発音、北方系の文法、大陸の文字、まさに日本語は □ です。」

ポストコロニアリズム post-colonialism
派 コロニアリズム colonialism

□ 130 植民地主義に基づく価値観を植民地化された現地の人々の視点から捉え直す考え方。「□ は上から目線でも下から目線でも駄目です。」 派 植民地主義

27 多文化主義

自文化中心主義／多文化主義／テロリズム／排外主義／文化相対主義

⇨ 参 p.118

●次の文章を読んで 要約 しなさい。

冷戦の終焉後、グローバリゼーションによる画一的な欧米化が進むとともに、民族問題が先鋭化している。まず非難されるのは極端な排外主義に至る危険をもつ自文化中心主義（＝自民族中心主義）であるが、これに対する批判として形成されたのが文化相対主義である。これはそれぞれ独自の価値体系をもつという相対性を基盤に、あらゆる文化は対等だとする考え方である。だが文化相対主義はこの相対性ゆえに、自文化の中ではそれぞれ何をしても勝手なはずだとされ、他文化は何も言えないことになるという限界をもつ。

そこで文化は対等で多様だと認めつつも、理性に基づいて他の文化に働きかけようとする多文化主義が登場する。だが多文化主義もまた、自文化と他文化の境界を固定し、異文化による変容を拒むという限界をもつため、結局民族とは変化する虚構だと認め、外に開かれた社会を形成することが重要とされる。

要約

自文化中心主義を批判する文化相対主義も多文化主義も限界をもっており、民族は虚構だと認め、外に開かれた社会を形成すべきだ。

読解マップ

自文化中心主義 → 排外主義 ×
⇔
文化相対主義
↓
多文化主義 ＋ 〈民族＝虚構〉
→ 開かれた共同体

「日本における単一民族神話とは？」

戦前の日本は、異民族をも天皇の臣民として日本人に同化させるという新しい多民族国家を目指しました。しかしその結果、植民地を失った戦後の日本は、今度は逆に、単一民族国家だという幻想を生み出しました。

2. 国際・地域

重要度順 次の □ に当てはまる 語句 を答えなさい。

□ 131 ①政治目的のために個人・集団に行使する**暴力**、あるいはその脅威に訴える行為・傾向②**恐怖政治**。
「□ はね、理解するものではなく体験するものだ。」

□ 132 他の集団に対する狂信的で、自己中心的・排他的な心理状態。
「残念ながら、景気の悪化と □ の隆盛とは連動するのです。」

□ 133 自分の属する文化、民族、集団を中心に置き、他の文化を差別して捉える態度。
「彼らが □ 者なのは、結局のところ田舎者だからさ。」 対

□ 134 文化はそれぞれ独自の価値体系をもつという相対性を基盤に、あらゆる文化は対等であり、異文化も尊重しようという考えや立場。
「ボクの趣味にも □ の立場で接してくれよ。」 対

□ 135 様々な人種・民族がそれぞれ独自の文化を保ちながら、理性によって他者の文化も積極的に容認し、共存していこうという考え・立場。
「自分はまだ □ の可能性をあきらめたくない。」

解答・ポイント

テロリズム terrorism（テロはテロリズムとテロル〈=暴力による政治的敵対者への威嚇〉の両方を指す日本語。テロを行う者＝テロリスト (terroist)）

排外主義（ナチスのユダヤ人へのホロコースト〈=大量殺戮〉、セルビア・クロアチアの民族浄化〈=異民族排斥〉などがその極端な実例）

自文化中心主義（=自民族中心主義）（民族に限らず、すべての集団がもつ傾向ともされる）
対 文化相対主義

文化相対主義
対 自文化中心主義

多文化主義

第3章 国際・地域

28 資本主義

資本／資本主義／ブルジョワジー／プロレタリアート／封建制

⇩ 参 p.176

●次の文章を読んで 要約 しなさい。

　資本主義とは、消費するためではなく、利潤を得るための資本の増殖を目指し、自由に商品を生産して利潤を追求しようとする経済体制のことである。資本主義はすべてのものを商品化する市場を拡大することで、領主／農奴に二分された封建制を崩壊させた。多くの人が、生産手段をもちながら土地に縛られていた状態から、生産手段が移動、職業選択の自由をもつ労働者（＝プロレタリア）となり、一部の資本家階級＝ブルジョワジーだけが、労働者階級＝プロレタリアートの生産する商品価値と労働者に払う賃金との差額＝剰余価値によって利潤を追求する。

　資本主義は産業革命によって確立され、資本の増殖を目指す近代国家と結びついて発展したが、それに対抗して資本家による労働者の搾取を問題とし、階級のない平等社会を目指したのが共産主義である。

要約

資本主義は資本の増殖を目指す経済体制であり、市場の拡大を求めて封建制を崩壊させたが、労働者搾取の問題をもつ。

読解マップ

封建制
（領主／農奴）
↓
資本主義
←市場拡大・産業革命・近代国家
（ブルジョワジー／プロレタリアート）
⇔共産主義

「金持ち（資本家）だけが得をする？」

　資本が自己増殖を目指して競争し、個人間・地域間・国家間での経済的な格差を生み出すことで成立するのが資本主義。この問題を深く追究し共産主義を唱えたのがカール・マルクス（1818～83）です。ところが共産党の支配下にある現代の中国では、経済的な格差は広がるばかり。また一方、かつての植民地のような開拓の対象となる領域＝フロンティアを失った先進国の資本主義は行き詰まり、出口が見つかりません。

3. 社会・制度

重要度順 次の□に当てはまる**語句**を答えなさい。

□ 136 利潤を得るための財産。生産活動の元手になるもの。
派 ①生産で利潤を得る資金　②流通で利潤を得る資金

□ 137 「学力とは幻想なのか□なのか。それとも教育の成果なのか。」

□ 138 私有財産・自由競争を基本とする、**封建制**に代わる経済体制。
派 国家間の障壁を取り除こうとする現代の経済体制

「恋愛と□は連動して、子供を家族から切り離し独立を促す。」

領主（＝土地の所有者）が**農奴**（＝土地を所有せず土地に縛られた農民）を支配する関係を基盤とした体制。
派 **個人**の自由・権利より上下の権力関係を重んじる

「政治的に近代化されても、様々な形で□が残存している。」

□ 139 生産手段を所有し、労働者を雇って利潤を得る**資本家階級**。
「**新興**□は…『慎み、努力、正確、まじめ、節度、自制』などを可視化する。」（鷲田清一『ちぐはぐな身体』）対

□ 140 労働力を資本家に売るしかない無産者階級・**労働者階級**。
「**資本主義**社会から**共産主義**社会への移行には、□の革命的独裁以外にありえないとマルクスは考えた。」対

解答・ポイント

資本（貨幣・製品などの流動**資本**と、機械・土地などの固定**資本**がある）
派 ①産業資本　②商業資本

資本主義（＝キャピタリズム capitalism）
派 グローバル資本主義

封建制（度）
派 封建的

ブルジョワジー bourgeoisie（仏）（ブルジョワは**資本家**のこと）
対 プロレタリアート

プロレタリアート Proletariat（独）（プロレタリアは**資本**をもたない**労働者**）
対 ブルジョワジー

29 日常／非日常　ケ／ケガレ／日常／ハレ

●次の文章を読んで 要約 しなさい。

人はいつもと同じと感じる日常だけでなく、いつもと違うと感じる非日常を生きる。民俗学や文化人類学では、日常の生活をケ(＝褻)と呼び、非日常の儀礼、祭事、行事などをハレと呼んで区別している。また、ケ(＝褻)のエネルギーが枯渇することはケガレ(＝褻枯れ)と呼ばれる。

ハレの語源は「晴れ」であり、現在も「晴れ舞台」(＝大勢の前で何かを行う名誉な場面)、「晴れ着」(＝よそゆきの服装)などの言い回しで使用されているが、江戸時代までは「ケ着」(＝ふだんの服装)という言葉も使われていた。

われわれは日常において自我を維持しながら、日常の連続による退屈や忌まわしいものによってケが枯れてケガレとなったとき、ハレによってケを回復しようとする。

非日常は常に日常からの逸脱であるが、また、その非日常もやがて日常化する運命にある。醒めることのない恋はない、などと言われる理由でもあろう。

> 要約
>
> 人は日常と非日常を生き、ケガレを経験したときには非日常のハレによって日常の生活であるケを回復させようとする。

読解マップ

〈民俗学・文化人類学〉
日常＝ケ　←→　ケガレ
非日常＝ハレ
（儀礼・祭事・行事）

⇩
参
p.186

「なぜ夢を忘れてしまうのか？」
抑圧という心の働きが夢を忘却させます。眠っているときに空を飛んでいたとしても、その夢の感覚のまま生活するのは危険。ぼくらは夢を忘れて、いつもと同じ自分がここにいると思い込み、自我やアイデンティティを維持します。

〈日常〉ケ
〈非日常〉ハレ

3. 社会・制度

重要度順 次の □ に当てはまる 語句 を答えなさい。

□ 141 ふだん・いつものこと。人間が平均性・公共性をもって埋没している通常の状態。
「人は病気になることで健康や正常と対立し、□性から逸脱する。」（中村雄二郎『術語集』） 派 ありふれたこと 対

□ 142 いつもとかけ離れていること。
「思い出も、□も、日常を生き抜くための栄養剤さ。」 対

□ 143 よそゆきでないこと。日常的なこと。
「人の生活の大部分を占めるのは□のときである。」 対

□ 144 表立って華やかであること。公式・正式であること。
「□の行事なんだから、酒や餅を用意しろって言われても…」 派 大勢の前で人の注目を集める名誉な場面 対

□ 145 汚いこと。名誉を傷つけられること。
「□を知らない純真な少年って、それってちょっと怖いかも。」

解答・ポイント

日常 派 日常茶飯（事） 対 非日常

非日常 対 日常

ケ 対 ハレ（＝晴れ）

ハレ（＝晴れ） 派 晴れ（の）舞台 対 ケ（＝褻）

ケガレ（＝汚れ・穢れ）

◆第3章◆ 重要テーマ読解語 300

30 近代(modern)

近代／宗教改革／大航海時代／中世／ルネサンス

⇩
参
p.9〜
p.178
p.180

●次の文章を読んで 要約 しなさい。

近代（＝モダン modern）という言葉が初めて使われたのは、5世紀後半のヨーロッパにおいてである。異教が支配していた過去の時代である古代に対してキリスト教が支配する現代（＝モダン modern）を区別するために用いられた。今で言う中世と呼ばれる時代である。つまり近代とは、元来自分たちの時代という自意識に基づく時代区分であり、したがって常に過去を超えて先へ進もうとする意味をもち、未来を志向し進歩主義を掲げるのが近代の原理である。

西洋史では、ルネサンス・大航海時代・宗教改革が中世から近代への幕開けとされ、市民革命により中世の封建制や身分制が廃止されて近代が成立したとされる。近代は、個人主義・合理主義・自由主義といった思想傾向を示し、産業革命以降の科学技術の進歩と結びついた産業資本の発達がその機動力となった。

また、現在の日本史では、明治維新の前後を近代の幕開けと見る。いずれにせよ、市民社会と資本主義を基盤とするのが近代である。

要約

市民革命により中世の後に訪れた近代は、未来志向と進歩主義を原理とし、市民社会と資本主義を基盤とした歴史区分である。

📝 読解マップ

古代
　↑キリスト教
中世
　↑ルネサンス・大航海時代・宗教改革
市民革命・産業革命
近代＝市民社会・資本主義

「モダンの付く言葉って？」

「モダン」は「現代的」っていう意味なのに、今では、モダンアート、モダンジャズ、モダン焼き、モダンガールなど、昔風のものに使われるようになっているのは、ちょっと不思議ですね。

3. 社会・制度

重要度順 次の ▢ に当てはまる 語句 を答えなさい。

▢ **146** 現代に近い時代（現代を含む場合もある）。未来志向と進歩主義を原理とし、**市民社会・資本主義**を基盤とする時代。
「その本との出会いが俺様の ▢ の夜明けだった。」

派 ① ▢ の後の時代　② ▢ の前の時代

▢ **147** 古代と近世との中間の時代。**封建制**を基盤とする時代。
「▢ に生まれたかったわ…。え、もちろんお姫様で。」

▢ **148**「再生」を意味するフランス語で、古代ギリシャ・ローマの文化を復興し、人間性の尊重を目指す14〜16世紀における西欧社会の革新運動。
「▢ によって人々の魂は再生しえたのだろうか。」

▢ **149** 西欧でカトリック教会の内部に起こった16世紀の変革運動。ローマ法王の権威を認めない様々なプロテスタント教会を生み出した。
「▢ とか実はたいして ▢ じゃないじゃん。」

▢ **150** 西欧人が新天地を求めて競って航海した15・16世紀の時代。植民地支配の先駆けとなった。
「彼女とは ▢ オンラインで出会った。」

解答・ポイント

近代（＝モダン modern）
派 ①**脱近代**（＝ポストモダン postmodern）
　②**前近代**（＝プレモダン premodern）

中世

ルネサンス Renaissance（仏）（＝文芸復興）

宗教改革

大航海時代

◆第3章◆ 重要テーマ読解語 300

31 啓蒙主義

啓蒙主義／合理主義／進歩主義／措定／偏見

●次の文章を読んで 要約 しなさい。

進歩主義に基づく近代において、啓蒙主義（＝啓蒙思想）は大きな影響力をもった。「啓蒙（＝ enlightenment）」とは「光（＝ light）で照らすこと」＝「蒙きを啓くこと」である。つまり、人間は自然の光を自ら用いることによって偏見を振り払い、本来の理性を自立させることができるという発想に基づく思想である。

人間は誰もが理性をもっていると措定され、その理性による思考の普遍性が信じられることによって、理性を拡大することで人間社会の合理的な進歩を図ろうという考え方が啓蒙主義である。合理主義に基づいて旧弊を打破することで、理性に基づいた社会の進歩を目指すわけである。

ヨーロッパにおいて啓蒙主義は、聖書や神学という従来の権威を離れ、理性による知によって世界を把握しようとする近代の運動となり、フランス革命などの市民革命に影響を与えるとともに、近代科学を形作る原動力ともなった。

[要約]
啓蒙主義は人間に理性を措定し、理性の拡大により社会の合理的な進歩を図ろうという、進歩主義に基づく近代の運動である。

📖 読解マップ
- 近代＝進歩主義
- 人間＝理性を措定
- ←合理主義
- 啓蒙主義→フランス革命・近代科学

参 p.176 p.212

「私はあなたの意見には反対だ、だがあなたがそれを主張する権利は命をかけて守る」
ヴォルテール（1694〜1778）の有名な言葉。民主主義、自由主義の原則を示す名言とされます。近代の啓蒙主義が果たした役割がわかる気がします。

理性に基づく進歩を！

178

3. 社会・制度

重要度順 次の ☐ に当てはまる 語句 を答えなさい。

☐ 151 人間は**理性**によって**真理**を把握しうるとする考え方。すべてを理性によって解釈し、それのみを認めようとする考え方。
「何事も ☐ でいこう。」 **対** ① ☐ 論 ② ☐ 主義

合理主義
対 ①経験論（＝経験主義）
②非合理主義

☐ 152 **理性**による思考の普遍性を信じ、**理性**を拡大することで社会の合理的な進歩を図ろうという考え方。
「どこから見ても俺は ☐ 的な人間だろうが。」

啓蒙主義（＝啓蒙思想）

☐ 153 偏(かたよ)った見解。根拠なく特定の個人・集団に対して抱く非好意的な感情・意見・判断。
「☐ をセンスだと勘違いしてるでしょ。」

偏見

☐ 154 **社会の矛盾**を変革して前進しようとする考え方。人間・社会は時代とともに進歩すると考える**合理主義**的信念。
「☐ とか好むのは基本オトコでしょ。」 **対**

進歩主義
対 保守主義

☐ 155 **命題**を立てる・肯定的に主張する・事物の内容を固定すること。
「情念を『受動』と ☐ する考え方はなにもこと新しいものではない。」（野内良三『レトリックと認識』）
対 否定するために提出される反対の理論・主張

措定(そてい)（＝テーゼ These（独））
対 アンチテーゼ Antithese（独）

◆第3章◆ 重要テーマ読解語 300

32 ポストモダン

イデオロギー／機能性／近代主義／終焉／ポストモダン

⇨ 参
p.9〜
p.28
p.158
p.178

●次の文章を読んで 要約 しなさい。

　ポストモダン（＝ postmodern 脱近代）は、モダン（＝ modern 近代）の後（＝post）の時代を意味する。ポストの建築デザインに由来する言葉だが、機能性・合理性を追求した近代主義に批判的に受け継がれた。だからポストモダンは、誰もがそれぞれ個人的な価値観に基づいて小さな物語を生きるという多様性を特徴とした時代のことである。
　ポストモダンとは、主体が共通にもつとされる理性によって社会の進歩を促そうという近代の啓蒙主義の廃棄を意味する。社会を変革し歴史を進歩させると信じられた近代のイデオロギーの終焉、周りの人間が同じ価値観を共有していると信じさせる筋書きをもった大きな物語の終焉であり、またそれは、イデオロギー闘争による近代化という歴史が、米ソの冷戦終結によって終焉したという考え方に受け継がれた。
　そういう近代の啓蒙主義の廃棄を意味する。
　立条件を失ったと考え、近代の行き詰まりを指す。この背景には、近代において人間の基本的枠組みと考えられた主体を否定する構造主義の登場がある。
　的な建築デザインに由来する言葉だが、進歩主義を掲げる近代が、今やその成

要約

ポストモダンは進歩主義を掲げる近代の啓蒙主義の廃棄を意味し、近代化の終焉に基づく多様性を特徴とした時代を指す。

📝 読解マップ

近代主義・進歩主義・啓蒙主義
↓
構造主義・冷戦終結
↓
イデオロギー・大きな物語・近代化の歴史の終焉
↓
ポストモダン＝多様性の時代

「なんのための受験勉強？」
大昔の受験生たちなら、日本や社会のためなどと答えたかもしれません。これも近代を生きる大きな物語の一つだったのでしょうか。今ではストレートにそう言うことには抵抗があるでしょう。

冷戦終結
↓
ポストモダン
＝脱近代

3. 社会・制度

重要度順 次の □ に当てはまる **語句** を答えなさい。

156 ① 伝統を切り捨て、現代の**感覚**・効率に合わせようとする考え方 ② 近代化を追求する立場。
「近代科学の進歩は芸術や宗教の分野にまで □ を引き起こした。」

近代主義（＝近代思想・モダニズム modernism）
対 伝統主義

157 統一された・自分の立場を正当化しようとして作られる考え方。
「□ の体系はフィクションである。」（R・バルト『テクストの快楽』）
「今も昔も、みんな大好き □ 。」

イデオロギー Ideologie（独）

158 危機に陥った**近代**を検証し直そうとする・乗り越えようとする立場・状況。**近代**が捨てたものを拾い直して再構築する試み。
「リオタールは大きな**物語**＝イデオロギーの体系の終焉を唱えて、□ を流行語にした。」

ポストモダン postmodern（＝脱近代）（ジャン＝フランソワ・リオタールは**ポストモダン**を大きな物語の終焉によって特徴づけた）

159 終わろうとすること。死の間際。隠居して晩年を送ること。
「フクヤマはソ連の崩壊を以て歴史の □ を宣言した。」
異 ものの周り・縁。中央から離れた辺境

終焉（しゅうえん）（『歴史の終焉』はフランシス・フクヤマの著作で、民主主義・資本主義体制を国家の最終体制とした）
異 周縁

160 全体を構成する各要素・部分がその役割を果たす働きの度合い。
「生きものの □ の高さには何度も感動させられる。」
派 物事に備わった □ の働き・個々の部分が全体の中で担う固有の役割

機能性
派 機能

33 記号

記号／コード／恣意／象徴／表象

⇩
参 p.216

● 次の文章を読んで 要約 しなさい。

記号とは、文化固有のコードによって意味を表すものの総称である。言語をはじめ、「赤信号」のような符号（＝サイン）や、平和についての表象をもたらす「白いハト」のような象徴（＝シンボル）もまた記号である。

人間はこれら記号によって混沌とした世界に意味を与え、秩序あるものとして理解する。世界を国旗という象徴で国家に分節して理解し、連続的な光の帯である虹を七つの色を示す言葉で分節して理解する。だが日本語では七つに分節される虹も、他の言語ではさまざまな数に分節されており、もちろん、どの分節化にも必然性はない。また、ある動物を「イヌ」あるいは「ドッグ」などという音声で呼ぶ必然性もない。こうした性質を言語の恣意性と呼ぶが、文化のコードによって恣意的に決定されるわけだから、文化とは、人間の行為を意味づける象徴をはじめとする記号の体系、あるいはコードに基づいて記号の交換を行うコミュニケーションの体系であるといった捉え方もできる。

要約

記号とは、文化に固有のコードや符号、象徴の総称であり、文化により世界に意味を与える言語の体系を形作るものだ。

📝 読解マップ

記号＝信号・言語・象徴
＝コードに従って意味を表す
文化＝記号の体系
＝恣意的
コード＝記号の交換

「フランスには蝶も蛾もいない?」
言葉が変われば世界は変わります。フランス語では蝶も蛾も「パピヨン」という同じ言葉。つまりフランスには蝶も蛾もいなくて、蝶と蛾が合体したパピヨンがいるだけなのです。言葉が違うと、認識の仕方が違って、生きてる世界も違ってきます。

象徴
＝
平和

◆第3章◆ 重要テーマ読解語 300

3. 社会・制度

重要度順 次の □ に当てはまる 語句 を答えなさい。

□ 161 ① 一定の意味を表すもの ② 言語など意味を伝えるもの。
派 □ および、その意味のつながり・体系を研究する学問
「名前という □ に思い入れなどない。」

□ **162** 抽象的なこと・想像上のものを、本来無関係な具体的な物で表すこと。また、そこで用いられた具体的な物。
派 具体的な物が抽象的な事を代表して表している様子
「人の幸福度はその外見に □ される。」

□ 163 ① 記号が表す意味 ② 意識に表れる具体的な像・イメージ ③ 象徴。
異 善行・功労・成果などを、広く明らかにしてほめること
「各チームには理念を □ する女の子、通称マスコットが必ずいた。」

□ 164 ① 文化・社会の中で、決められた規則・約束事 ② 記号の体系。
「俺の頭のバー □ を読むな。」

□ 165 思いつき・気ままな心・自分勝手な考え。
派 論理的に必然性がない・好みや思いつきで判断するさま
「人の考えはみな □ に過ぎない。」
異 ① 心に深く考え思う ② 威力を示す

解答・ポイント

派 **記号**
記号論（＝記号学）

象徴（＝シンボル symbol） フロイトの精神分析は、人間心理の深層である無意識が象徴に支配されており、象徴を通してのみ無意識に接近できるとした
派 象徴的（＝シンボリック symbolic）
異 表象
表彰

コード code

恣意（「恣」の訓読みは「ほしいまま」）
派 恣意的
異 ① 思惟 ② 示威

34 言語

言語／混沌／秩序／分節／本能

⇩
参 p.182

● 次の文章を読んで 要約 しなさい。

本能とは、動物が生まれつきもっているその動物種に特有の行動パターンを言う。人間以外の動物はこれによって秩序（＝コスモス）の中に生き、迷うことなく、個を生かす生存、種を生かす生殖のための行動をとる。ところが人間の本能は複雑化しており、人間を秩序に導くとは限らない。それどころか人間の本能は利益／快楽、生／死などといった正反対の方向を同時に目指すエネルギーさえもっているため、心の葛藤や心の病を生み出すことになる。

そこで人間は言語や文化という装置によって、混沌（＝カオス）の世界を秩序ある世界とする必要がある。動物ならば本能によって、たとえば食物／毒物をある程度判断することができる。しかし人間はまず食物か毒物かと言語によって分節して対象を捉え、文化の中で学習して初めて、食べる物を判断できるようになる。つまり言語が文化の条件であり、文化なしに人間は生存できない。言語は、人間と自然・動物との差異を説明する概念とも言えるだろう。

要約

本能で秩序ある世界に生きる動物と違って、人間は言語によって分節して対象を捉え、秩序ある世界を作り出して生きる。

📖 読解マップ

動物＝本能→秩序
⇔
人間＝言語→文化→秩序

「動物と異なる人間の本能とは？」

ジグムント・フロイト（1856〜1939）によれば、人間は生きたい、他者と触れ合いたい、という生の本能（エロス）と、死にたい、自他を壊したい、という死の本能（タナトス）に引き裂かれていると言います。そのため人間はときに自分を責め、食事を拒み、自殺や戦争までも引き起こしてしまうのです。

生きたい！
触れたい！

死にたい！
壊したい！

本能

3. 社会・制度

重要度順 次の □ に当てはまる **語句** を答えなさい。

□ **166** 人間に固有な意思伝達手段であると同時に、社会・文化を支えるものをもつ。共同体の中の**体系**（＝ラング）と個人的な使用（＝パロール）の両面

「彼らの □ 体系は少し奇妙だった。」

→ **言語**

□ **167** ①複数の要素が相互に一定の関係・規則によって結びついている状態
②物事の正しい順序・筋道。

「俺には俺の □ が必要なんだ。」 関宇宙論・宇宙観 対

→ **秩序**（＝コスモス kosmos （希））
関 コスモロジー cosmology
対 混沌（＝カオス）

□ **168** ①複数の要素が入り混じって区別がつかない様子 ②物事の区別・成り行きがはっきりしない様子 ③**神話**で天と地が分かれていない状態。

「彼女のバッグの □ っぷりは半端(はんぱ)ない。」 対

→ **混沌(こんとん)**（＝カオス khaos （希））
対 秩序（＝コスモス）

□ **169** 個体の生存や種族の維持に関係する欲求・衝動と深く結びついた生まれつきの性質・能力。動物種に固有の複雑な行動パターン。

「□ が俺に、いま見とけって言うんだ。」

→ **本能**

□ **170** ①ひと続きになっている全体を部分に分ける ②区別して**概念**に分けていくこと。「□ されたかけらを集めても、もはや本体とはならない。」
異 文を自然に区切って読める最小の単位

→ **分節（化）** （人間は各言語に基づく分節によって物事を恣意的に捉える）
異 文節

35 神話／タブー

神話／タブー／データ／内面／プライバシー

⇩
参 p.13〜p.236

●次の文章を読んで 要約 しなさい。

社会は常に神話やタブー（＝禁忌）を生み出す。前近代の共同体を支えたのは宗教や伝統だったが、それらを共同体の人々に共有させる神話、聖なるものは直接触れたり疑ったりしてはならないといったタブーが共同体を維持した。

近代になって共同体が解体されると、個人が社会を支える主体とされるため、近代社会は他の誰でもない私＝個人といった神話を生み、個人に責任ある主体として自己の内面を統一することを要求し、一方、個人は内面こそが自己の本質だと信じ、それを隠すべきプライバシーとして他者の介入をタブーとした。

しかしネットワークメディアが発達した現代では、個人はデータ化された個人情報によって把握されるようになり、情報システム内に分散する個人情報が守られるべきプライバシーとして問題となる。個人は身体的自己だけではなく、ブログに載せられた日記など、データで構築された虚像をも第二の自己と感じるようになる。まさにこれは、データを現実と見る現代の神話とも言えよう。

要約

前近代から現代に至るまで、社会はプライバシーの問題が両者と関わる。神話やタブーによって支えられてきたが、近代以降はプライバシーの問題が両者と関わる。

読解マップ

社会→神話・タブー
- 前近代……宗教・伝統
- 近代……個人の内面
- 現代……個人情報 ｝プライバシー

「現代の神話やタブーとは？」

神話は神の話とは限りません。「愛は尊い」「人間は平等だ」といった理想を凝縮した神話、ゲームやネット上のキャラを人格と見る神話など…。また、近親相姦などは、昔も今もどの民族にも共通して見られるタブーだと言われています。

3. 社会・制度

重要度順 次の〔　〕に当てはまる**語句**を答えなさい。

□ **171** 精神・心理・心情に関する方面。人物の心の状態。
【対】「人の外見って、いちばん外側の〔　〕でしょ。」
→ **内面**　【対】外面

□ **172** ①世界の起源や意味を超自然的存在によって説明する**物語** ②根拠もなく絶対と信じられている事柄。
「多くのRPGは〔　〕の構造を組み込んでいる。」
→ **神話**

□ **173** 忌まわしいものとして禁止されている社会的慣習。触れることを禁じられていること。
「面白くするために〔　〕をいっぱい作っておこう。」
→ **タブー** taboo（＝禁忌）

□ **174** ①**情報**作成のための材料・資料・論拠 ②コンピュータによって特定の目的に役立つように処理される数値・文字・記号。
「〔　〕なんて、見方でいくらでも化けるさ。」
→ **データ** data

□ **175** 人格の**自律**のために自分に関する**情報**の流れを管理する権利。個人の私生活上の秘密・自由、またそれを守る権利。
「ごめんなさい、クローンから作られたあなた方に〔　〕など無いのよ。」
→ **プライバシー** privacy

36 宗教 アニミズム／神／宗教／世俗／伝統

● 次の文章を読んで 要約 しなさい。

 アニミズム（＝精霊崇拝）を原初的形態とする宗教（＝ religio）という意味のラテン語を語源とし、神と人とを再び結びつけることと考えられるが、たしかに多くの宗教は神のいる死後の世界の存在を説く。つまり、死者は消滅せずに生き続けているものとされるのだ。
 このことは世俗における価値観とも深く結びついている。なぜなら現在の社会も現在の自分も、すでに死者となった祖先や家族などが形成し継承してきた伝統や言語に規定されており、つまり死者は生者に働き続けているからである。
 また多くの社会は、他者のために自己を犠牲にして死に、次世代に伝統を継承することを評価するが、そのためには死への不安を払拭する必要があり、そのことと宗教に基づいて死後の世界を信じ、死を悼むこととは無縁ではない。
 さらに最近では、自然保護の思想においても、アニミズムを再評価する動きが見られるが、ここでも宗教との関連を見逃すことはできない。

> 要約
>
> アニミズムに始まる宗教は、世俗の価値観とさまざまな点で結びついており、生者を死者や自然と結びつける役割を果たす。

読解マップ

宗教←アニミズム
　↓
死後の世界＝死者の存続

世俗
　↓
伝統が規定→死者の存続

自然保護……アニミズム

参 p.206

「生命保険は宗教に似ている？」

宗教が善行と寄付を続けることで、死後の幸福な世界を保証するように、生命保険は掛け金を払い続けることで、死後の莫大な保険金を保証します。死んだら終わる人生のように、死んだらローンの払いが終わるようにと、銀行は生命保険を組み込んでいます。まるでそれは宗教のよう。

3. 社会・制度

重要度順 次の □ に当てはまる 語句 を答えなさい。

□ 176 歴史的に形成・蓄積され、受け継がれた精神的・文化的な遺産や慣習。
関 受け継いで伝えていくこと、またその事柄
「自然と守りたくなるのが□の本来のあり方なんじゃないかな。」

□ 177 人と神聖なものとの関係。神聖なものに意味と価値を与えようとする信念・行動・制度の**体系**。
「エコという名の□を押し付けないで。」 関 □のために命を捨てること

□ 178 人間を超越した信仰の対象。世界や人間のあり方を支配する**絶対的**・究極的な存在。
「俺の□は八人くらいかな。」

□ 179 世の中の風俗・習慣。俗世間。
派 社会や文化において宗教や聖なるものの影響が弱まること
「君は自分の内なる□を社会に投影して嫌悪しているだけだ。」

□ 180 自然界のすべての物には霊魂が宿っているという世界観で、すべての宗教の基礎に関わる信仰。
派 霊魂・内に宿っているもの
「俺はばあちゃんに対しても□を感じないんだが…。」

解答・ポイント

伝統
関 伝承

宗教
関 殉教

神

世俗
派 世俗化

アニミズム animism（＝精霊崇拝）
派 アニマ anima（羅）

37 倫理／道徳

規範／習俗／道徳／倫理／礼儀

●次の文章を読んで 要約 しなさい。

道徳と倫理の違いは、辞書を引いてもなかなか理解しにくい。道徳は「習俗」を語源とする語で、ある社会を前提に個人が正しく行為するための規範であり、礼儀として形式化される場合もあり、法律のような強制力はないが、有能な社会的活動を行うように個人に押し付けられるという傾向をもつ。それに対して倫理は、人がよりよく生きることを目指す内面の原理であり、問題をより本質的に考えようとする傾向をもつ。

たとえば「嘘をついてはならない」という道徳は、死を前にした者、深く傷ついた者、幼児などを前にしたとき、必ずしも倫理において正しいとは言えないだろう。「嘘をついてはならない」という道徳の本質が人を傷つけないことにあるなら、あまりに深く人を傷つけないため「あえて嘘をつく」ことが、むしろ倫理として正しいとされる場合もありえる。医療現場などにおいても、道徳ではなく倫理の問題が考えられねばならない。

要約

道徳が社会から個人に与えられる規範なのに対して、倫理は人がよりよく生きることを目指す内面的で本質的な原理である。

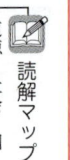

読解マップ

道徳…社会→個人の規範
　　　…礼儀として形式化も
⇔
倫理…人間の内面の原理
　　　…よく生きる＝本質的

↓
参
p.214

「医療倫理学とはなにか？」

インフォームド・コンセント（＝説明を受けた上での同意）による患者の権利の拡大、臓器移植やクローン技術などが生み出す問題について考える学問体系で、医療倫理学は難問の山と言われます。たとえば、もし輸血を拒む患者に輸血をして命を救ったとしたら、それは間違った医療行為と言えるのでしょうか？

3. 社会・制度

重要度順 次の □ に当てはまる語句を答えなさい。

□ **181** 人がよりよく生きることを目指すときに守るべき内面的な原理で、本質的に考え、求めようとする傾向をもつ。
「自分の □ 観に疑問を抱くことがスタート地点です。」

倫理

□ **182** 人が社会の中で正しく判断し活動を行うべき態度で、社会的に押し付けられる傾向をもつ。
「すべての □ は、ひとが徳のある人間になるべきことを要求している。」
(三木清『哲学入門』)

道徳（＝モラル moral）

□ **183** 判断・評価の基準として従うべきもの。行動や判断の手本。
「何を行動 □ とするかで選択肢は変わってくる。」
関 見習うべきもの・手本

規範（＝軌範）
関 模範（「模」は木製の、「範」は竹製の器を作るときの型のこと）

□ **184** 社会の中で習慣となった生活様式。
「恋愛って日本の □ じゃなかったの？」関 土地の習わし・しきたり

習俗
関 風習

□ **185** 社会生活の秩序を保ち、他人との交際を適切に行うために、守るべき行動様式・作法。
「□ 正しさがときにはきみを救う力となるだろう。」
関 社会的慣習にのっとった規律ある行為・やり方

礼儀
関 儀礼

38 市民社会

公共性／個人主義／市民社会／全体主義／大衆社会

●次の文章を読んで 要約 しなさい。

市民社会とは、自律性をもった個人と、その個人の自由を制限する社会との対立を、市民が自覚することによって成立する。

そしてこの個人の自律性を重視する立場が個人主義であり、自己の利害だけを規準とする利己主義（＝エゴイズム）とは異なる。

個人主義は、個人が一個人として一貫性ある思想と責任をもって行動することを高く評価するものであるが、しかしまた市民社会は、マスメディアによる大衆操作などを通じて個人が群衆化する大衆社会でもあるため、国民国家が個人を抑圧する全体主義に陥る危険も秘めている。

また現代では、個人の利益を追求しつつも、市民社会を一つの共同体と考え、合理性の観点に立って、「個」「私」と対を成す「公共性」を重視する共同体主義（＝コミュニタリズム）の主張も盛んであり、個人主義や自由主義と対立する局面も見られる。

読解マップ

市民社会＝個人で成立
　↓　→全体主義の危険
個人主義　←
⇔
共同体主義＝公共性を重視

⇩
参
p.13〜
p.196

要約

個人と社会の対立を前提とする市民社会は、個人を抑圧する全体主義に陥る危険をもつが、公共性を重視する主張も盛んである。

「マスメディアは国民国家を支える」新聞やテレビなどマスメディアはいつも国家単位。毎日、沖縄から北海道までの天気予報を知らせてきます。沖縄なら台湾の、北海道ならカムチャッカの予報がもっと役立つかも。事故があれば「乗客に日本人はいませんでした♪」などと。一方ネットは簡単に国境を越境します。

日本の天気

3. 社会・制度

重要度順 次の □ に当てはまる 語句 を答えなさい。

□ 186 個人が自律的に一貫性ある思想と責任をもつことを評価する立場。「この国で□が根付くわけがないじゃないか。」「私の□」は漱石の講演集だ。 関 自己の利益だけを求める態度

個人主義
関 利己主義（＝エゴイズム egoism）
対 は利他主義＝他人を優先する態度

□ 187 自律性をもった個人と、その個人の自由を制限する社会との対立を、市民が自覚することによって成立する近代の社会。「ここには□など最初からなかったんだ。」

市民社会

□ 188 社会一般の利益・正義となる性質。市民の理性的な討議で形成されるべきだが、国家の独占物となる傾向がある。「□とはけっして国家が与えるものではない。」 関 □を重視する政治哲学

公共性
関 共同体主義（＝コミュニタリズム communitarism）

□ 189 個人が群衆化して、大きな力をもつと同時に私的生活へと逃避する傾向をもつ社会。「社会機構の官僚制化の中で□は作られていくのです。」派 さまざまな人々から成り、組織化されていない一般的な人々の集まり

大衆社会
派 大衆

□ 190 全体の利益を優先し、全体に尽くすことによってのみ、個人の利益が増進するという前提で、個人を抑圧する思想・体制。「ナチスもファシストもスターリニズムも毛沢東主義も一種の□だ。」

全体主義

解答・ポイント

◆第3章◆ 重要テーマ読解語 300

39 共同体

共同体／血縁／大衆／地縁／匿名性

⇩
参
p.16〜
p.172

●次の文章を読んで要約しなさい。

共同体（＝コミュニティ）という言葉は二つの意味で使われる。

一つは、社会学などで使われる用語として、自然発生的な地縁・血縁や友情などの感情的なつながりによって深く結びついた社会形態のことであり、特定の目的・利益を追求する集団とは大きく異なる。したがって広くは、学校、インターネット上、あるいはオンラインゲーム内の仲間なども、相互の助け合いやルールをもち、同じ集団に属しているという意識を共有する場合には、共同体と言うことができる。

もう一つは、歴史学などで使われる用語として、資本主義成立以前の、集団による土地所有によって深く結びついた社会形態であり、これは近代的な都市の成立により解体された。個人の自由を抑圧する共同体に対して、都市は個人に自由を与え、その活力を資本として経済活動を活発化させたが、見知らぬ人間関係の中で個人は匿名性を強め、責任を回避する大衆となる条件も生まれた。

要約

共同体とは、自然発生的または感情的なつながりや、資本主義以前の集団による土地所有によって深く結びついた社会形態を言う。

📝 読解マップ

共同体
① 社会学など
地縁・血縁＝自然発生のつながり
友情など＝感情的つながり
② 歴史学など
〈資本主義成立以前〉
集団での土地所有→個人抑圧
↓崩壊
〈資本主義成立以後〉
近代的な都市→個人が大衆化

「共同社会から利益社会へ」
人間社会は近代化されるとともに、自然発生的な地縁・血縁などで結びついていた伝統的な共同社会（＝ゲマインシャフト）から、近代の国家、都市、会社のように利害関係に基づいて人為的に作られた利益社会（＝ゲゼルシャフト）に移っていくとされます。

194

3. 社会・制度

重要度順 次の □ に当てはまる 語句 を答えなさい。

□ **191** ①自然発生的・感情的なつながりによって深く結びついた社会形態。集団による土地所有によって深く結びついた社会形態。②「僕と君とは運命□であることに、なぜ気づかない。」

□ **192** さまざまな人々から成り、組織化されていない一般的な人々の集まり。
派 ①一般に広まり、親しまれる ②個人が群集化した社会を語る人の多くは自分を□だとは思っていない。」

□ **193** 血のつながり（のある親族）。
対 「呪われた□という設定は、はずせないでしょう。」

□ **194** 住む土地に基づく縁故（＝人のつながり）。
「□が希薄となり、神輿の存続も危ういんだ。」
異 遅れる・延びること

□ **195** 誰の行為かが特定できないこと。
「□が存在しえない社会となりつつある。」
派 実名をかくすこと

解答・ポイント

共同体（＝コミュニティ community）

大衆
派 ①大衆化 ②大衆社会

血縁
対 地縁

地縁
対 血縁
異 遅延

匿名性 とくめい 「匿」はかくす・かくれるの意味
派 匿名

◆第3章◆ 重要テーマ読解語 300

40 個人／社会

個人／社会／自律／世間／世の中

●次の文章を読んで 要約 しなさい。

社会という言葉は、前近代の共同体が崩壊し、個人が自律的に判断し行動する近代以降に成立したとされ、元来「結合する」という意味をもつ西欧語の訳語である。

個人とは身分から解放された契約の自由・私的所有権・法的平等を保障された存在のことであり、この個人が結合したものが社会である。また自律とは、習慣、父親、道徳、法律など、他律（＝外部の規範に従うこと）によらず、自分が守るべきことを自分で決めて、それに従うことである。

それに対して「世の中」は元来「よ」（＝竹などの「節」）の「中」（＝間）を語源とする大和言葉（＝和語＝日本固有の語）であり、「限定され、移り変わるこの世」を意味し、「世間」は元来「心の働きをもつものが生活する世界」という漢語であり、「縁のある人々の集まる世界」を意味するため、ともに前近代の共同体意識に基づく点で、「社会」という言葉と同じとは言えない。

要約

前近代の共同体の崩壊後に、個人の結合によって成立した社会は、前近代の共同体意識に基づく世の中、世間と同じとは言えない。

読解マップ

（前近代）の共同体
⇔
（近代）の「社会」（←西欧語）
＝自律した個人の結合

「世の中」（←大和言葉＝和語）
「世間」（←漢語）

参 p.192 p.194

「世の中、世間、社会」

日本人は大和言葉・漢語・翻訳語の三つを見事に使い分ける。「世の中は金しだいなんて考えが世間に広がるのは、社会的に許しがたい」などと。大和言葉を知るために古文を、漢語を知るために漢文を、翻訳語を知るためにも英語を勉強して日本語を知ろう♪

結合

3. 社会・制度

重要度順 次の□に当てはまる**語句**を答えなさい。

□ 196 自律的に判断し行動する個人が結合してできたとされるもの。

□ 197 ①集団に埋没せず集団を構成している一人 ②身分から解放された契約の自由・私的所有権・法的平等を保障された存在 ③私人。
「君ともっと□的なお付き合いをしたいな…」
派 ①**資本主義**を批判し、平等な□を建設しようとする思想・運動
②法学・経済学・社会学・政治学などの社会現象を研究する科学

□ 198 縁のある人々の集まる世界。
「□様に申し訳が立ちません。」
派 □に対する体面・見栄

□ 199 限定され、移り変わるこの世。
「言いたいことも言えない□。」

□ 200 自分の**規範**に従っていること。
「あまりに□的だと生きていくのが辛いでしょ。」
対 援助や支配を受けずに自力で判断する・身を立てること

解答・ポイント

社会
派 ①社会主義 ②社会科学

個人（英語では indivisual で、分けることの = divide、できない = in という意味。社会の構成単位を示している）

世間
派 世間体

世の中

自律
対 他律（外部の規範に従うこと）
異 自立

41 中心／周縁

ウェブ／周縁／中心／マイノリティ／マジョリティ

⇩
参
p.13〜
p.150
p.158

●次の文章を読んで 要約 しなさい。

　文化や社会において権力と資本が集中する側を中心、それから遠い側を周縁と捉える見方は一般的である。中心においては、正統、秩序、理性、日常性、伝統文化などの特徴が見出されるのに対して、逆に周縁においては、異端、混沌、感性、非日常性、サブカルチャーなどの特徴が見出される。たとえば国会、マスコミなどが中心に位置するのに対して、地方議会、ネットなどは周縁に位置するものと意識されているが、中心と周縁が入れ替わることもあり、そのようなときに、時代は大きく変化する。また、社会不安が共同体の中に広がったとき、中心に位置するマジョリティは周縁に位置するマイノリティを批判し迫害することで、秩序を回復しようとする傾向をもつ。

　ただし、現代は中心など存在しないネットワークの支配するウェブの時代になったとも言われ、現代思想においては、中心の価値を否定しようとする脱中心化の志向が見られる。

要約

権力と資本が集中する側を中心、それから遠い側を周縁と捉える見方は一般的であるが、現代では脱中心化の志向も見られる。

読解マップ

〈中心〉　　　　〈周縁〉
正統　　　↔　　異端
秩序　　　↔　　混沌
理性　　　↔　　感性
日常性　　↔　　非日常性
伝統文化　↔　　サブカルチャー

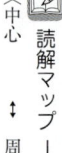

〈ウェブ〉＝中心がない・脱中心化

「流行はいつも周縁から生まれる」
多くの場合、権力や社会の中心を占めているのは、中年以降の男性です。ですからその逆に、流行や新しい流れを生み出すのは、周縁に位置する若者、女性、子供たちなのです。

3. 社会・制度

重要度順 次の □ に当てはまる 語句 を答えなさい。

□ **201** ①中央②円周・球面のどの点からも等しい距離にある点③権力や資本が集まる場。
派 □ 「十歳で彼女は世界の □ からドロップアウト（＝脱落）した。」
異 □ の価値を否定し、周縁の価値を肯定しようとする考え方
異 まごころ

□ **202** ①ものの周り・縁②中心・中央から離れた辺境。
関 取り巻く周りの部分
異 終わろうとすること・死の間際・隠居して晩年を送ること

□ **203** ①ある情報から関連情報の参照が容易に行えるネット上の情報ネットワーク②クモの巣状。
「詳しくは □ で。」派 □ のページがまとめて置かれたネット上の場

□ **204** 多数（派）・過半数。社会的強者という意味合いをもつ。
「私は意志を持って □ に属してきました。」対

□ **205** 少数（派）・少数民族。社会的弱者という意味合いをもつ。
「自分が □ だからこそ、考えを押し付けたくないのです。」対

解答・ポイント

中心
派 脱中心化（ポスト構造主義における
異 衷心

周縁（しゅうえん）
関 周辺
異 終焉

ウェブ web
派 ウェブサイト website（その最初のページがホームページ）

マジョリティ majority
対 マイノリティ

マイノリティ minority
対 マジョリティ

42 貨幣

貨幣／供給／市場／需要／フェティシズム

⇩
参
p.206

● 次の文章を読んで 要約 しなさい。

もしも貨幣がなかったら、人は必要なものを暴力で奪い合うしかない。また一方で、人によって死にたくないという意識をもっている。だから暴力の代用として貨幣を使用するようになった。未来において必要なものと交換できることを互いに約束し合う貨幣の使用により、信頼の体系も生まれ、社会が可能になったとフリードリッヒ・ニーチェは説明している。

貨幣が発明されると、人々は必要な物だけではなく、商品を生み出すようになる。最初は物々交換が行われる日時・場所を指す言葉であった市場は、商品が取引される場所、さらに商品経済の発達とともに、需要と供給の対立関係によって富・サービスの価格が成立する場を意味する言葉となった。

人は商品の売買のために市場に参加せざるをえなくなり、すべてが価格によって測られるようになって、交換手段にすぎなかった貨幣自体に価値があると思い込む貨幣のフェティシズム（＝物神崇拝）も一般化した。

要約

暴力と死への意識から生まれたと考えられる貨幣は、物の効率的分配を可能にする市場を生み、フェティシズムの対象となった。

読解マップ

死の観念
←暴力を避ける
貨幣の発明
→物の効率的分配
市場←〈需要／供給〉で価格成立
すべてが価格で測られる
貨幣のフェティシズム

「貨幣はなぜ金や銀だったのか？」

貝殻などが最初とされる貨幣ですが、やがて大半の地域で金・銀を本位とするようになりました。役に立つ物を得るために、本来役に立たない貨幣を渡すのですから、そこに生じた負い目を隠そうと、役に立たないけれど稀少でいつも貴重な印象を与える金・銀が選ばれたと考えられます。そして今は為替、カードのデータ、電子マネーなどがそれに代わりつつあります。でも、漢字だけは今も「財テク」の財も「貯金」の貯も「貝」がついていますね。

3. 社会・制度

重要度順 次の ▢ に当てはまる 語句 を答えなさい。

□ **206** ①商品が売買される具体的な場所②需要と供給に基づいて交換される**抽象的な場**③商品売買の範囲。
「思想上の自由主義の成功が経済上の▢の拡大を進める。」「えっ、逆じゃないの?」

解答・ポイント

市場(＝マーケット market)
(物以外の売買も含むときは「しじょう」と読み、「いちば」とは読まない)

□ **207** 商品交換の際に受け取られる**媒介物**であり、価値尺度・流通手段・価値の貯蔵手段の機能をもつもの。
「この世界の▢単位はギルだ。」

貨幣

□ **208** ①必要として求める②消費・生産のために、**市場**から商品を買い取ること、またその総量。
「▢があるうちは出ますよ。」 対

需要
対 供給

□ **209** ①必要に応じて与える②販売・交換のために、**市場**に商品を出すこと。
「恋愛もまた、需要と▢のバランスの上に成り立つ。」 対

供給
対 需要

□ **210** 物それ自体に価値があると思い込んで**神**のようにあがめること。
「▢と嗜好(＝好み・たしなみ好むこと)の境は、どの辺りだろう?」

フェティシズム fetishism
(＝物神崇拝・フェチ)

43 贈与／返礼

貨幣経済／市場経済／贈与／返礼／ボランティア

→ 参 p.200

●次の文章を読んで 要約 しなさい。

文化人類学は、人間が他者と共生するために必要なシステム・構造として、贈与と返礼の往還を見出してきた。人間は大昔から、対等な物々交換、等価的な貨幣経済（＝商品経済）とは別に、贈与による不等価な富の移動を行ってきたのである。

ところが貨幣経済に基づく市場経済が、グローバリゼーションの進行によって拡大した結果、贈与と返礼に基づく共同体は著しく破壊された。

元来、個人は他の個人に対して、また共同体は他の共同体に対して、贈与を行うことで暴力を緩和して交通すると同時に、贈与と返礼を通じて共同の時間、コミュニケーションを生み出してきた。

だが時差、ズレのない交換に基づく市場経済のみの拡大は、現在の自己の利益への無制限な欲望を追求させ、人間のつながりが失われた弱肉強食の世界を生む。だから今、贈与、またボランティアの価値が認識される傾向にある。

要約

市場経済の拡大が、他者との共生に必要な贈与、ボランティアの価値が認識されつつある。贈与、ボランティアの価値が認識されつつある市場経済を破壊した今、他者との共生に必要な贈与と返礼を行う共同体。

読解マップ

贈与・返礼の共同体
↕
贈与・ボランティア
↑
グローバリゼーション
市場経済の拡大

「サンタクロースも愛も、贈与です」

お中元、お歳暮では、贈与した側が返礼を要求しなくても、贈与された側は返礼しなければならないという負い目を感じます。ギフト（Gift 独）という言葉に贈り物、毒という二つの意味があるのもその現れ、毒＝負い目を与えず、返礼なしに済ます方法が、サンタクロースの贈り物という形での贈与です。見返りを求めない贈与こそ愛なのです。なんてね♪

3. 社会・制度

重要度順 次の□に当てはまる語句を答えなさい。

211 ①交換ではなく一方的に他人に贈り与える行為で、原始的共同体形成の基本原理②財産を無償（＝報酬がないこと・無料）で与える契約。
「□税とか意味不明。」
関 北米先住民（インディアン）の贈り物を与え合う儀式

212 「□」の儀礼として熊神に歌や踊りを捧げる…（今福龍太『風聞の身体』）
「司令の□の美しさを、私は一生忘れないだろう。」

213 贈与を受けた礼として返しをして報いる、またその返す儀礼・品物。

214 自ら進んでする人。特に社会事業（＝生活救済・福祉向上を目指す事業）の分野で、自発性・無償性・奉仕性を原則に活動しようとする人々。
「どんな□活動でもしないよりマシよ。」

215 市場(しじょう)が生産・消費を調節する経済制度。
対 「ほんとうに□は崩壊しつつあるのだろうか。」

貨幣が交換の媒体として普及している経済。
「金持ちの□批判なら、聞いてみたいな。」

解答・ポイント

贈与
関 ポトラッチ

返礼

ボランティア volunteer

市場経済
対 計画（統制）経済（中央政府の計画が生産・分配を決定する経済制度）

貨幣経済（＝商品経済）

◆第3章◆ 重要テーマ読解語 300

44 歴史

共時的／通時的／文化人類学／民俗学／歴史

⇩
参 p.194

●次の文章を読んで 要約 しなさい。

歴史は遺跡や史料という客観的存在を前提に構築されるが、必ずしも客観性をもつとは言いがたい曖昧さをもつ。現代の歴史学では、「重要な出来事」を客観的に記述したものが歴史だといった実証主義は鋭く批判されている。

「重要な出来事」の選択が共同体の支配的価値観に基づいて行われ、主観的な関心によって作成された歴史史料に基づいて選択された記憶だけが歴史とされるからだ。したがって、先に客観的な歴史があり、次にその真実が物語られるとする実証主義は間違いである。先に物事が現在の主体性と主観性に基づいて物語られ、次にその物語（＝ストーリー story）が歴史（＝ヒストリー history）とされていくのである。その結果として、個人は歴史に束縛されるが、また現在において新たな歴史を物語る責任も負う。歴史とは共同体の未完の物語である。

ちなみに、本来歴史学は物事を通時的に捉える学問だが、現在では共時的に物事を捉える民俗学・文化人類学の成果を反映させようとする試みも見られる。

要約

歴史は現在の主体性と主観性に基づく共同体の物語であり、個人は歴史に束縛されながら、新たな歴史を物語る責任も負う。本来歴史を通時的に捉える民俗学・文化人類学の成果を反映させようとする試みも見られる。

📝 読解マップ

×歴史＝客観的→物語（実証主義）
○歴史↔物語＝主体的・主観的

通時的＝歴史学
　　⇔　　→影響
共時的＝民俗学・文化人類学

「失恋は幸運？ それとも不運？」

歴史と同じことが自分史についても言えるでしょう。過去のある出来事が重要か、また幸運か不運だったかは、現在における解釈＝物語しだいです。失恋にしても、すてきな次の相手が現れた未来においては、幸運だったことにされるかもしれません。歴史(history)とはまさに物語(story)なのです。

3. 社会・制度

重要度順 次の ☐ に当てはまる 語句 を答えなさい。

☐ 216 ☐ とは、無数の他者の行為、力、声、思考、夢想の痕跡にほかならない。」（宇野邦一『反歴史論』） 派 ある時代に特有で重大な・過去となった

☐ 217 ☐ やってる人とお祭り行きたくないな。」

伝承されてきた民間の文化がいかに表現され、推移してきたかを明らかにしようとする学問。

☐ 218 様々な文化を対象に、文化の特徴や文化一般の共通性を研究する学問。「いい ☐ 者になりたかったら、まずタフになろう。フィールドワーク（＝野外調査・野外研究）が勝負だからね。」

☐ 219 時間を共有する空間的・地理的な広がりの中で、現象の体系・構造を捉えること。「この時期からやっと ☐ なアプローチがなされるようになった。」対

☐ 220 時間の流れを通した時間的・歴史的な広がりの中で、現象の変化を捉えること。
関 時間の流れに辿ると、とても同一人物だと思えない。」
「 ☐ に辿ると、とても同一人物だと思えない。」対

解答・ポイント

歴史 派 歴史的 対 は普遍的

民俗学（＝フォークロア folklore 日本の民俗学を確立したのは柳田國男で、口承文芸の重要性などを説いた）

文化人類学（レヴィ＝ストロースは構造主義に基づく文化人類学を確立し、現代思想にも影響を与えている）

共時的 対 通時的

通時的 関 継時的 対 共時的

第3章 社会・制度

◆第3章◆ 重要テーマ読解語 300

45 死生学

慰霊（いれい）／死生学／尊厳死／追悼（ついとう）／ホスピス

●次の文章を読んで 要約 しなさい。

　埋葬という儀礼は、10万年前のネアンデルタール人に始まると考えられている。人骨の化石から花粉が見つかるとき、そこには花を手向けて死者を埋葬する人類がいたと言える。
　人間とは、死者を埋葬する唯一の動物である。人類は長期にわたって常に死についての思考を養ってきたとも言えよう。
　ところが近代社会は死をタブー視した。そこで現在新たに必要とされるのが死生学である。ホスピス設立の運動も背景にあって70年代に確立された。死にいかに向き合うか、死にゆく人々へのケア、尊厳死の問題、命の尊厳の教育、慰霊・追悼のあり方などを考える、広く学際的な分野の学問である。
　たとえば日本人が死者の遺骨収集に熱心なことも、民俗宗教における祟（たた）りの信仰が、近代の軍国主義国家の政治戦略と結びついて現在に受け継がれ定着した結果とも考えられるが、そこには日本人の歴史的な死生観が表れている。

要約

死についての思考を長期間養ってきた人類を理解するには、近代社会がタブー視した死について考える死生学が必要とされる。

読解マップ

人類→死についての考えを養う
⇅ 近代社会→死＝タブー
死生学←ホスピス設立の運動

⇩
参
p.200

「もしも人間が死ななかったら…」

　もし人間が死ななかったり、死ぬことを意識しない存在だったりしたら、この世は弱肉強食だけが支配する世界だったかもしれません。自分が死ぬと思うからこそ、他人に何かを手渡し、また他人から何かを受け継ぐのです。そして人間は有限の生しかもたないと思うからこそ、きっと、死者や恋人に、散りゆく花を花束にして贈ったりもするのでしょう。ちなみにフランス語の「幽霊」(revenant)は元来「戻ってくる者」の意味です。人は死者が戻ってくることを願ったり恐れたりするのかもしれません。

4．人間・環境

重要度順 次の ▢ に当てはまる 語句 を答えなさい。

□ 221 死者の生前に思いをはせ、**悼む**（＝嘆き悲しむ）こと。
異 「死者を▢することで、社会の連続性を表現しなければならない。」
異 謀反人・反逆者を追って討ち取ること

解答・ポイント

追悼（ついとう）
異 追討

□ 222 人としての尊厳を保って死を迎え・迎えさせること。
「問題はどうやって▢に見せかけるかだ。」関 死期が近い病人の苦痛を除き安らかに死なせること。法的に問題があるとされる。

尊厳死（植物人間状態での延命への反省から生まれた）
関 安楽死

□ 223 自己の消滅としての死に向き合うことで、死までの生き方、個人の死とその死生観について考える学問。
「死ぬことを意識する存在こそが人間だから、▢は必要な学問だろう。」

死生学

□ 224 近代医療の手続きの多くが死にゆく人々には不適切な場合があるとして、身体的・感情的な苦しみを緩和する目的で作られた療養所・病院。
「三十歳になった国民には一年間の▢での研修が義務付けられた。」

ホスピス hospice

□ 225 死者の霊魂を慰めること。
「▢という行為は…霊に対する生者の心の内部に発生する〈後ろめたさ〉『負い目』を浄化する行為であった。」（小松和彦『神なき時代の民俗学』）異 普通と違った珍しいこと

慰霊（いれい）
異 異例

◆第3章◆ 重要テーマ読解語 300

46 身体

間主観性／間身体性／身体／知性／独我論

⇩
参 p.148

●次の文章を読んで 要約 しなさい。

たとえばあなたはこう思ったことはないか？ 自分と他人が生きている世界は本当に同じ世界なのだろうか？ はたして自分が感じているのと同じように、他人も世界を感じているのだろうか？ あるいはまた、自分の意識だけが実在していて世界も他人も自分の幻想にすぎないとする独我論が、もし正しいとするならば、この世界の秩序はどうなるのだろうか？

他人と違う自己が存在するという近代的自我の立場を出発点としただけの知性では、これらの問題に対処できない。そこで世界は客観性をもって存在するのではなく、それぞれの主観性が絡み合って自分と他人の間の共同世界として成立しているのだとする考え方が登場した。このような事態を間主観性（＝共同主観性）と言う。そしてさらに母子一体感や没我的抱擁にも見られるように、自己と他者はけっきょく身体によって根源的に結びついているのだから、根源的な間主観性は、間身体性にほかならないという考え方も生まれた。

読解マップ

独我論＝自己は実在・他は幻想
⇔ 近代的知性＝まず他者と異なる自己
間主観性＝共同の主観的な世界
間身体性＝まず身体による結びつき

「われ思う、ゆえにわれ在り」
ルネ・デカルト（1596〜1650）の有名な言葉です。ラテン語では「コギト・エルゴ・スム」。世界のすべてが虚偽だとしても、こんなふうに思考する精神（＝心）をもつ私だけは疑いなく存在する、という意味です。つまり、物質以外にも思考する精神が存在するということが哲学の前提とされたわけです。物心二元論に基づく近代的知性の原点とされます。

要約

近代的知性とは、間主観性では対処できない、自己と他者のつながる世界を考えるために、間身体性さらに間身体性という考え方も生まれた。

4. 人間・環境

重要度順 次の ▢ に当てはまる 語句 を答えなさい。

▢ **226** 近代の**心身二元論**では軽視されたが、**現代思想**では意味を構成する中心、世界や環境と直接につながる存在として重視される。
「▢ は、その皮膚を超えて伸びたり縮んだりする。」(鷲田清一『普通をだれも教えてくれない』)

解答・ポイント

身体 (フリードリッヒ・ニーチェは「近代人は身体の重要性を忘れている」と心身二元論を批判した。)

▢ **227** 考え、理解し、判断する能力。知覚したことを整理・統一し、認識を作り上げる精神の働き。
「眼鏡で▢ を演出します。」

知性

▢ **228** 実在するのは自分の**自我**だけで、**他者や外界は自己**の幻想にすぎないとする考え。全世界が自分のためだけにあるとする利己的態度。
「他人がすべてロボットに感じられるなら、それはもう立派な▢ 。」

独我論

▢ **229** さまざまな**個人**が互いを**主体**として承認しつつ、一つの世界を共有している事態。
「▢ を意識すればきみの作品はずっと洗練されるだろう。」

間主観性 (=共同主観性)

▢ **230** まず**自己**の**身体**が他者との**身体**との関係性によって**主観性**をもち、それを通して**自己**が他者と異なる**自己**として意識される事態。
「同じ世界につながっていると**身体**で感じること、それが▢ の出発点。」

間身体性 (メルロ=ポンティは自己も他者も同じ間身体性の一部と捉えた)

47 アイデンティティ

アイデンティティ／自我／自己／認識／物語

⇩
参
p.13～
p.194

●次の文章を読んで 要約 しなさい。

アイデンティティ（＝同一性・自己同一性）とは、自己が常に同じで他人と異なる、一貫した唯一の存在だとする個人・集団による自己定義を示す言葉だ。特に青年期では自己をどう認識するかという自我の問題と重なる。アイデンティティは他人と無関係に成立するように思えても、自己の思いだけでは成立しえない。たとえばそれは、自分を承認する核となる自分の顔が、直接自分で見られないという事実にも現れる。アイデンティティは語り手／聞き手の連鎖をもつ共同体の中で、自己が何者であるかという物語が他人に承認されることを必要とする。したがって家庭、学校、職場、民族、国家など自己の属する共同体が個人のアイデンティティの核を成すことが多い。しかしまた、余りに強くアイデンティティを求めると、自己の属する共同体だけを絶対とし、他人のアイデンティティを否定する危険も生じる。自己の属する共同体もまた、他人の承認によってアイデンティティを得ていることを忘れるべきではない。

要約

アイデンティティとは、個人・集団が他人の承認を受けることで一貫した唯一の存在だと考える、自己定義を示す言葉である。

読解マップ

アイデンティティ
＝同一性・自己同一性
＝自己は一貫した唯一の存在
→ 共同体・他人による承認

「アイデンティティの意味の広がり」

とても広い意味で使われる言葉です。アイデンティティ・クライシスは自己喪失。アイデンティティ・コーポレート・アイデンティティ（ＣＩ）は企業イメージを認知させる戦略。アイデンティティの訳語としては原義の同一性・自己同一性以外にも、主体性・存在証明・帰属意識・歴史的連続性・人格的同一性などが考えられます。実は「アイデンティティ」という言葉こそ曖昧で、きわめてアイデンティティに乏しい言葉と言えるでしょう♪

210

4．人間・環境

重要度順 次の □ に当てはまる 語句 を答えなさい。

□ 231 （客体として捉えられる）自分自身。同一性・統一性をもった自分。
「□ チューなこと自体は問題でも何でもないよ。」
→ **自己** 対 他者

□ 232 知覚（＝感覚を通して知ること）に基づき、解釈することによって理解すること、またその結果得られた知識。
「自分の部屋ではないと □ するのに少し時間がかかった。」
派 □ の方法、□ された知識の起源・構造・範囲などを探求する哲学
→ **認識** 派 認識論

□ 233 XがXであるという自己認識。私がこの私であると言える核心は何かという自己定義。自己の存在証明・存在理由。
「自分の □ について考えたこともないタイプの人は強い。」
→ **アイデンティティ** identity （＝同一性・自己同一性）

□ 234 ①納得や共感を得るため、現象と内面を結びつけた話のまとまり ②見聞や想像により、人物・事件についてまとめた散文による文学様式。
「世界は、何十億という □ の主人公だけで構成されているんだ。」
→ **物語**

□ 235 意識の中心にあって、自分を統合（＝一つにまとめる）する主体。
「見るからに □ の塊みたいな奴は、実際にはもろい。」
派 衝動や □ の働きを無意識的に監視し道徳的な方向に向かわせようとする心の要素
→ **自我** 派 超自我（両親の懲罰や価値観への同一視によって形成される）

48 理性／感性

感性／合理性／パトス／理性／ロゴス

●次の文章を読んで　要約　しなさい。

　理性（＝reason）とは、ほんらい理由（＝reason）を推論する（＝reasoning）能力のことであり、言語、法則、比例、定義などの意味をあわせもつ古代ギリシャ語のロゴスに対応する言葉である。

　西欧の伝統において人間は理性的動物と定義され、特に近代においては、中世までの神への信仰に代わる、人間にとってもっとも重要な能力とされた。

　一方、感性は身体に基づくもので、刺激を受け入れる認識能力のことであるが、西欧の伝統では理性よりも劣る能力とされてきた。

　しかし理性が万能とされ、合理性ばかりが追求された結果、自然や人間性が損なわれた現代においては、ロゴスに対立するパトス（＝受動・情熱・受苦）の知、すなわち身体とそれを基盤とする感性による知が重要視されるようになり、理性の再検討が迫られている。人間は感性を用いて世界を敏感に感受しなければ、理性を用いて正しく行動することはできないのだ。

> 【要約】
> 西欧では人間は理性的動物とされ、特に近代では理性が万能とされて様々な問題が生じたため、現代では感性が重要視される。

読解マップ

理性（能動的）→ロゴス
…近代→合理性追求
⇔
感性（受動）↑パトス
…現代…身体が基盤

⇩
参 p.178

「ロゴス的とパトス的」

〈ロゴス的／パトス的〉の違いに注目すれば、たくさんの対概念を把握できます。〈ロゴス的／パトス的〉なものの現れが、〈理性／感性〉〈秩序／混沌〉〈意識／無意識〉〈西洋的／日本的〉〈一義的／多義的〉〈精神／身体〉〈近代／前近代〉〈科学／芸術〉〈能動的／受動的〉などは、現代文の読解で重要な対概念です。

4. 人間・環境

重要度順 次の□に当てはまる語句を答えなさい。

□ **236** 信仰、**感覚**、経験、無意識などに頼らず、意識的に推論（＝事実から結論を導くこと）していく思考能力の全体。
「恋愛を維持し、発展させるにも□は欠かせません。」
対 ①□性　②□気

解答・ポイント
対 **理性**
対 ①**感性**　②**狂気**（近代産業社会では労働／怠惰がそれぞれ理性／狂気に重ねられて二項対立を形作っていった）

□ **237** 論理にかなっていること。無駄なく能率的に行われること。
「最終的には最も□を満たすフォルム（＝形態・型）が気持ちいい。」
派 理性を重んじ、□を貫こうとする態度

派 **合理主義**
対 **合理性**

□ **238** 対象からの刺激を、**身体の感覚**を媒介して受け入れる精神の認識能力。
「自分の頭に花を咲かせて平気な女子の□が理解できない。」

対 **理性**
対 **感性**

□ **239** 言語・法則・比例・定義など**理性**に関わる意味をあわせもつ古代ギリシャ語で、西洋の古代哲学・神学における重要な**概念**。
「**真理**は本当に□によって保証されるのでしょうか。」対

対 パトス
ロゴス logos（希）

□ **240** 受動・情熱・受苦など**感性**に関わる意味をあわせもつ古代ギリシャ語で、現代では一時的な感情の高まりや激情を指すことが多い。
「□以外信じるな。」関 持続的な性格 対

パトス pathos（希）（sympathy は パトスを一緒に〈sym-〉持つということ）
関 エ（ー）トス
対 ロゴス

49 環境倫理

エコロジー／環境／環境倫理／自然／生態系

⇩
参 p.128

● 次の文章を読んで 要約 しなさい。

環境倫理は、人間中心主義を否定して人間と環境との共生を目指し、エコロジーの運動を支える思想的基盤である。

しかし環境倫理について正確に考えるには、まず環境という言葉が、自然や生態系（＝エコシステム）と違う点を押さえておかねばならない。自然は人間をも一要素として含む概念であり、価値や目的をもたず、また生態系は、一定区域内の生物群集とそれを取り巻く非生物とが作る機能的なまとまりのことであり、どちらも人間の倫理をそのまま適用できない。それに対して環境は、逆に人間という主体を前提とする概念である。たとえば暗い部屋は、睡眠する主体にとって良い環境とされるが、勉強する主体にとっては悪い環境とされる。

したがって環境倫理もまた、人間という主体の利益を前提としているのであり、非人間中心主義の限界が露呈しているとの指摘もある。

> 要約
>
> 環境倫理は人間中心主義を否定して人間と環境との共生を目指しながら、人間の利益を前提とするという矛盾を抱える。

📝 読解マップ

環境倫理←人間の利益が前提
　↕　　　→エコロジー運動
人間中心主義

「環境倫理学の三つの原理」

基本的には三つの考え方に整理されます。

① 自然生存権（＝すべての物質・生物は生存可能性をもつ）
② 世代間倫理（＝未来の世代に同等の生存可能性を与える）
③ 地球全体主義（＝有限な地球環境を守ることを優先する）

です。現在はこれらが普遍的な環境倫理であるとされていますが、主義主張によってその優先順位は違っています。

4．人間・環境

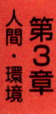

重要度順 次の ☐ に当てはまる 語句 を答えなさい。

☐ **241** ①あるがまま ②他の力によらず自らの力で生成し変化するもの。「多くの人間は、ありのままの ☐ と感じられない程度に調教されている。」 派 太陽の光・熱、水力、風力、波力、地熱など

→ **自然**
派 自然エネルギー natural energy

☐ **242** ①人間を取り巻き、生活に影響を与える外的条件のすべて ②動作中のコンピュータの状態。「脱け出して初めて自らのいた ☐ を客観視できる。」 派 開発が ☐ に与える影響への対策についての事前予測・評価

→ **環境**
派 環境アセスメント environmental impact assessment

☐ **243** 人間の自然に対する傲慢さが環境破壊を招いたことを反省し、生態系に対して人間がどのような義務を負うかを問う分野。「☐ は許される最悪のラインを走り続けるだろう。」

→ **環境倫理**

☐ **244** 一定区域内の生物群集とそれを取り巻く非生物が作る機能的まとまり。「☐ の安定によって守られるのは種であって、種に属する個体ではない。」（加茂直樹『社会哲学の現代的展開』）

→ **生態系**（＝エコシステム ecosystem）

☐ **245** ①**生態学**（＝生態系を扱う学問） ②**自然との共生を目指す思想・運動**。「☐ もまたビジネスとしてしか存続し得ない。」
派 多様性ある生態系に配慮することを意味する接頭語

→ **エコロジー** ecology
派 エコ eco

50 文化／文明

サブカルチャー／文化／文明／未開／野蛮(やばん)

⇩
参
p.184
p.198

●次の文章を読んで 要約 しなさい。

文化（＝culture）とは、耕す（＝cultivate）という形で能動的に自然に働きかける人間固有の行動様式・生活様式のことであり、特に人間が自然の中に価値を見出す精神的・感情的な面を文化と呼ぶことが多い。

文化は、人間が社会の構成員として獲得した能力・習慣の融合した全体であるから、当然ながら個人は所属する文化に支配されるが、複数の文化間を移動することも可能であり、また個別の文化のなかには、支配的な文化に収まらないサブカルチャーも存在する。

一方、かつての西洋中心主義が未開の社会を差別して野蛮と決めつけ、それと対比的に用いられた言葉が文明であった。

だが今日では、文明の基本的要素を都市化と文字の所有とする考え方が主流となっており、特に人間が自然を支配する技術における物質的・実質的な面を文明と呼ぶことが多い。

要約

一般に、人間が自然の中に価値を見出す精神的・感情的な面を文化、自然を支配する技術における物質的・実質的な面を文明と呼ぶ。

読解マップ

文化＝人間固有の行動・生活様式
　　＝自然の価値を実現
　　＝精神的・感情的
　　⇔
文明↕未開↑西洋中心主義
　　＝自然を支配する技術
　　＝物質的・実質的

「文化・文明の違いは？」

文化(カルチャー)（＝culture）は耕された（＝cult）所（＝ure）を語源とする言葉ですが、それに対して文明（＝civilization）はラテン語の市民（＝civis）に由来する言葉です。ただし、文化というものが一つの場所で独立に生まれたわけではありません。日本語も文法は北方系、文字は大陸系、発音は南方系、いろんな地域のものがこの列島で融合して生まれたものなのです。一方、文明は広範囲に発展した文化のことを言う場合もあります。「西欧文明」とか「中国文明」とか…。

4．人間・環境

重要順 次の □ に当てはまる 語句 を答えなさい。

□ **246** 能動的に**自然**に働きかける人間固有の行動様式・生活様式。人間が自然の中に価値を見出す精神的・感情的な面を呼ぶことが多い。
「□によって一民族は初めて主権をもちます。」（服部英二『文明の交差路で考える』）**対**

解答・ポイント
文化
対 自然

□ **247** ①人間が自然を支配する技術における物質的・実質的な面②広範囲に発展した**文化**。
派 明治初期の近代化・西洋崇拝の**風潮**（＝時代における世の中の傾向）**対**
「マヤ□が俺を呼んでる。」

文明
派 文明開化
対 未開

□ 248 ①土地・分野が開拓されていないこと②**文明**が未だ開けていないこと。
「自信のない者ほど、□ということに魅力を感じる。」**対**

未開
対 文明

□ 249 ①**文化**が開けていないこと②教養がなく粗暴なこと。
「□人と言われ、思わずニヤけてしまったオレ。」

野蛮

□ 250 社会の中心となる支配的な**文化**に対して、その社会の周縁の集団がもつ独立した**文化**。
「オタクと言われるのを嫌がるような□好きとは友達になれない。」

サブカルチャー subculture
（＝サブカル）

51 国家

権力／国家／正義／法／暴力

●次の文章を読んで 要約 しなさい。

人間は肉体的にも精神的にも他者に対して暴力を加え、また、他者から暴力を受ける可能性をもつ。

そこでこのような暴力を防ぐための装置として国家が形成される。国家は法を制定し、その規範による権力で、ほぼ住民のすべてを従わせるが、それは恣意的な暴力を防ぐためである。

しかしまた、国家の権力も、警察や軍隊などの暴力を独占することで可能となっている。国家は暴力をもつことで初めて人間を従わせる絶対的な権力を維持する。つまり国家とは、暴力を防ぐために、暴力を背景にして権力を行使する装置である。

もちろん、国家の行使する権力が、常に正義に適（かな）っているとは限らない。法は正義に基づくとされているが、実は法に基づく行為が正義とされているだけかもしれない。したがって、常に法も脱構築されることが望まれる。

要約

国家は暴力を防ぐため、暴力を独占して法を制定し権力を行使するが、法は正義に基づくとは限らず、常に脱構築されるべきだ。

読解マップ

人間→暴力を加え・受ける
⇔
国家＝暴力を独占→法→権力
⇔
正義→法を脱構築

参 p.174 p.200

「仲良しグループは暴力を生む？」

ナチスがユダヤ人の大量殺戮（＝ホロコースト）によって強固な共同体を生み出したように、ぼくらは他の人たちを排除することで、仲良しグループを作り出しているかもしれません。気がつかないうちにグループ周辺の誰かを排除するという暴力を、自分たちの暴力にも、無自覚でいたくないですね。

4．人間・環境

重要度順 次の□に当てはまる|語句|を答えなさい。

□ **251** 法律を含む、きまり・規則一般。
派 国家や統治者が人民に守ることを強制する決まり
「ここでは私が□よ。」

□ **252** 一定の領土・居住する人民・排他的な統治組織による主権という三つの要素をもつ政治的**共同体**。
「生まれ落ちた□を憎んでも仕方がない。」

□ **253** ①他人を支配し従わせる力 ②国家や政府などがもつ国民に対する支配力・強制力。
「実力とは関係なく、□欲をもたない男性は少ない。」

□ **254** ①乱暴で不当・不法に使用される力・行為 ②物理的な強制力。
「その□的な服のコーディネート（＝調整・組み合わせ）やめてよ。」

□ **255** 人間の**社会的**関係において実現すべき価値であり、違反に対して制裁を伴う**規範**。
関 個人の態度として実現すべき道徳的価値
「気に入った曲はCDで買うのが俺の□。」

| 解答・ポイント |

法
派 法律

国家

権力

暴力

正義
関 善

52 科学革命

科学革命／科学史／産業革命／自然科学／パラダイム

⇩
参
p.10〜
p.222

読解マップ

科学革命 ← 宇宙観の変革
　　　　　　古典物理学の確立
　　　　　　産業革命

自然科学＝専門分野として認知

●次の文章を読んで 要約 しなさい。

　科学革命という言葉は、自然科学の成立における重要な変革を意味する。一般的に科学革命（＝大文字の Scientific Revolution）は、天動説から地動説への宇宙観の変革、アイザック・ニュートンによる古典物理学の基礎の確立など、17世紀の大変革を意味する。中世では神・悪魔・天使といった外因によるとされていた自然現象が、自然の内因に起因すると見なされるようになった。また18世紀においては、科学技術による産業革命の進展により、科学が教育・研究機関に組み込まれ、自然科学という専門の一分野として公共性のある理論体系が形成された。これを第二の科学革命と呼ぶ。これら科学革命は、市民革命とともに人間を宗教から解放し、近代を成立させた重要な変革である。

　また一方、科学史の分野では、科学の歴史は常に科学革命（＝小文字のscientific revolution）という非連続な変化で画され、ある科学革命と次の科学革命の間で共有されるパラダイムが、一時代を支配すると考えられている。

要約

> 科学革命は、一般的には近代を成立させた17世紀の変革を指すが、科学史では新たな時代を生む自然科学上の変革を意味する。

「パラダイム・シフトとは?」

　トマス・クーン（1922〜96）によれば、科学者集団は常に伝統的な知の枠組み（たとえば天動説）に従うが、理論が社会で信頼を失うと科学革命が起こり、急に別の新しい知の枠組み（たとえば地動説）を唱えるようになるということです。自然科学が実は連続的な進歩によらず、非連続な社会のパラダイム転換によって進展するものだとし、科学もまた社会現象の一つだという重要な指摘を行いました。

5. 物質・生命

重要度順 次の □ に当てはまる 語句 を答えなさい。

□ 256 **自然現象**を扱い、普遍的な法則性を探求する学問。
　　　→ **自然科学** natural science
　　派「□ のベストセラーも読んどりやすよ。」
　　派 あるがまま・他の力によらず自らの力で生成し変化するもの
　　　→ 派 **自然**

□ 257 機械の発明などの技術革新を原動力として、**資本主義**を確立させた生産技術。
　　　→ **産業革命**

□ 258 大きな社会的・思想的影響をもたらす**科学理論**の転換。
「近代への幕開けとなった二つの事件が市民革命と □ です。」
　　　→ **科学革命**

□ 259 長期にわたり、学問の考え方として認められ、人々の考え方を規定する思考の枠組み。
「□ を学んで学生は、将来仲間入りしようと思う特定の科学者集団のメンバーになる準備をする。」(T・クーン『科学革命の構造』)
　　派 思考の枠組み・科学上の概念の転換
　　　→ **パラダイム** paradigm
　　　（元来はギリシャ語で、事例・模範・模型などの意味）
　　派 **パラダイム・シフト** paradigm shift
　　　（シフトは転換の意味）

□ 260 科学の発展の過程や科学における思想などに関する研究。
「□ をやってる人の黒髪率って高いのかな?」
　　　→ **科学史**

◆第3章◆ 重要テーマ読解語 300

53 近代科学

還元主義／機械論／近代科学／心身二元論／物心二元論

●次の文章を読んで 要約 しなさい。

　自然科学は歴史上の科学革命によって制度化され、近代科学として確立された。

　近代科学は、精神と物質は異なる実体だとするルネ・デカルトの物心二元論（それを人間に当てはめたのが心身二元論）に基づくため、自然を心＝精神から切り離して捉え、部品＝物質でできているものと見る。あらゆる自然現象を機械の運動になぞらえ、因果律（＝どのような事象も原因から結果が導けるという考え方）によって解明しようとする機械論の立場をとった。

　また近代科学は、社会を物質的に豊かにする産業革命の要求に応じて制度化され、たとえ科学が理性に基づくとしても、科学者の情念は常に社会の要求に左右される。したがって、近代科学は資本主義の個々の要求に応じて、個々の要素に還元して分析するという還元主義（＝要素論）によって発展したが、科学や社会の全体の調和は保てず、深刻な環境問題も引き起こした。

要約

近代科学は物心二元論に基づく機械論と、資本主義の要求に応じる還元主義によって発展し、深刻な環境問題も引き起こした。

📝 読解マップ

近代科学＝｛物心二元論→機械論
　　　　　｛産業革命・資本主義
　　　　　　　↓還元主義

参 p.10〜p.208

【錬金術師（alchemist）とは何者？】
近代の化学者（chemist）と違って精神と物質を切り離さず、金（Au）を作り出しオーラ（aura）を身につけようとした人たちです。実は古典物理学を確立したアイザック・ニュートン（1642〜1727）も晩年は錬金術に没頭していました。まさにニュートンは中世から近代への橋渡しをした人物と言えます。

222

5．物質・生命

重要順 次の □ に当てはまる 語句 を答えなさい。

□ **261** 古代ギリシャ、ヨーロッパ中世の自然学を継承しつつ、これを克服して成立した近代の学問体系。

解答・ポイント

近代科学

□ **262** 「□ をこきおろす奴は、逆にどんだけ万能だと思ってたんだって話だよ。」

近代科学

□ **263** 人間の心の本質は思考であり、人間の体の本質は空間における延長であって、心と体は異質だとする説。
「何故私が痩せられないかを □ を用いて説明します。」

心身二元論

□ **264** 物の本質は空間における延長であり、心の本質は思考であって、物と心は別だとするルネ・デカルトの説。
「近代科学とは □ に基づく一つの信仰であり、心をもつ人間は物である自然界を支配できるとする一種のロマンティシズムなのです。」

物心二元論

□ **265** 自然現象を機械の運動になぞらえ、因果律で解明しようとする考え方。
「生態系の**概念**には、□ 的に把握された自然の**概念**よりも豊かな内容が含まれているといえるであろう。」（加茂直樹『社会哲学の現代的展開』）

機械論

□ 分解した部分を集めると全体を再構成できると考え、要素に還元して全体を理解しようとする考え方。「もう □ の限界が来ているのです。」
関 物質は原子によって構成され、自然現象は原子の動きで説明できるとする考え方

還元主義（＝要素論）
関 **原子論**（＝アトミズム atomism）

54 分析／総合

止揚（しよう）／総合／分析／弁証法／命題

⇩
参 p.10〜 p.222

● 次の文章を読んで 要約 しなさい。

分析とは、物事を成分・要素・側面に分解して明らかにしようとすること、また証明すべき命題から条件へとさかのぼってゆく証明の仕方を言う。対義語である総合（＝綜合）とは、この逆の手順で、成分・要素・側面を一つに合わせまとめること、また原理から出発してその帰結に至ること、さらに弁証法では、矛盾する二つの概念や事物を止揚することを言う。

この分析と総合は、古代ギリシャ以来、論理学、幾何学、自然科学などで重要な技法として利用されてきた。近代哲学や近代科学も、まず要素に分析して対象を考察しようとする還元主義（＝要素論）の立場を採用してきたが、この立場には限界があることも知られている。

生命を要素に還元しても、生命は要素に分析された途端に生命ではなくなるという、要素を超えた全体性をもっており、また社会は個人という要素に分析して総合しても理解できず、個人は常に他の個人との関わりで行動する。

要約

分析と総合という技法は、古代ギリシャから近代哲学や近代科学に至るまで採用されてきたが、生命や社会の理解には限界がある。

読解マップ

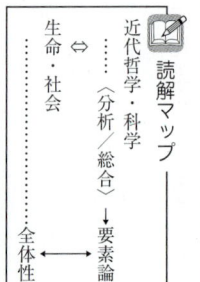

近代哲学・科学
⇔
生命・社会

〈分析／総合〉→要素論

全体性

「社会は個人でできているのか？」

できない（＝a）ものが物質を構成しているとする原子論＝アトミズムが復活しましたが、この説は近代において大きな力をもちました。学問全般において分割（＝dividual）できない（＝in）原子＝個人（＝individual）という分割できない（＝in）原子が社会を構成しているとした近代の個人主義の考え方もその一つです。分析と総合はまさに近代知の技法なのです。

5．物質・生命

重要度順 次の ▢ に当てはまる 語句 を答えなさい。

□ 266
①成分・要素・側面を一つに合わせまとめること ②原理から出発し、その帰結に至ること ③弁証法における止揚。
「▢ 格闘技が好き！」 対

□ 267
物事を成分・要素・側面・条件に分解して明らかにしようとすること。
「▢ してわかった気にならないで。」 対

□ 268
派 問題を表現する言語形式の ▢ により、明晰さを追究する哲学 対

①真偽を判定できる文、またその意味内容 ②題をつけること、またその題。
「何々は何々だ」と言って真偽を判定できるのが ▢ です。」
関 ある理論・主張を否定するために提出される反対の理論・主張

□ 269
矛盾する事柄を統一・総合することによって高い次元の結論に至る・まとめる思考方法。
「多数派が少数派を大事にすれば、▢ によってよりよい意見を築ける。」

□ 270
事物の発展は否定を通して進むが、否定された要素も高い段階においてはその実質が保存されること。矛盾の発展的統合。
「プリンが食べたい、いやパンが食べたい、ならプリンパンだ。これが ▢ 。」

解答・ポイント

総合（＝綜合）
対 分析

分析
対 綜合（＝総合）

分析哲学
派 分析哲学

命題（〈彼女は可愛い〉などのように「可愛い」が定義されていない文は、真偽が判定できないため命題ではない）
関 アンチテーゼ Antithese（独）

弁証法

止揚（＝揚棄＝アウフヘーベン Aufheben（独））

第3章 物質・生命

◆第3章◆ 重要テーマ読解語 300

55 科学

カオス理論／科学／決定論／線形／複雑系

⇩
参
p.222
p.228

●次の文章を読んで要約しなさい。

　従来の科学は、還元主義（＝要素論）と機械論に基づく決定論に従って、要素という部分で成立したことを重ね合わせていけば、全体や結果を理論的に決定できるという線形の思考で事柄を法則化してきた。だが、現実はそうした思考だけで解明されないことが明らかになりつつある。

　たとえば、古典物理学の運動方程式 ma＝F（mは物体の質量、aは物体の加速度、Fは運動の力で、質量と加速度の積が力に等しいことを示す）は、すでに相対論によって、この方程式の適用に限界があることが知られている。初期条件のわずかな差で大きな違いが生じて結果が予測できない現象をカオスと呼ぶが、それを研究するカオス理論の登場により、決定論に基づくだけの科学は疑問視され、量子論における確率概念の確立によって後退した。

　さらに現代では、カオス理論の発展により、線形で思考できないものを複雑系と呼び、これを研究対象とする新しい科学も登場している。

要約

決定論により線形の思考を行ってきた従来の科学だけではなく、カオス理論によって複雑系を対象とする新しい科学も登場している。

📝 読解マップ

従来の科学…還元主義・機械論→決定論
　　　　　　…線形
⇔
新しい科学…相対論・量子論
　　　　　　…カオス理論→複雑系

「小さな親切が、大きなお世話に…」
　線形の思考とは全体が部分 ka と部分 kb でできているとき、部分 ka にも部分 kb にも共通する性質 k があるから、全体にも k という性質があると考える思考。ka＋kb＝k（a＋b）みたいな考え方です。でも孤独な人間 ka と孤独な人間 kb との出会いは孤独 k（a＋b）とは限りません。孤独と孤独から愛や友情が生まれたり、また小さな親切が結合して大きなお世話になったり…。人間はまさにカオスですね（笑）

226

5. 物質・生命

重要度順 次の□に当てはまる語句を答えなさい。

□ 271 いろいろな学科に分かれた学問の総称。経験による実証、論理による推論に基づく体系的整合性を特徴とする。
「僕はただ、君に□的にアプローチしたいだけだ。」

□ 272 要素の結びつきが複雑で、時間経過に伴う変化が捉えきれないシステム。還元主義的なアプローチが適用できないシステム。
「生命、環境、経済活動では、□の現象が普通に見られる。」

□ 273 人間の行為を含めて事象・出来事は、神・自然・因果律・社会関係など、なんらかの原因によってあらかじめ決定されているとする考え方。
「あなたの□は責任逃れよ。」

□ 274 ①要素の積み重ねで成り立つ現象②線のように細長い形③一次式。
「単純に重ね合わせれば推測できる現象だから、□だと言える。」

□ 275 初期条件のわずかの差により、時間経過に伴って大きく違った結果が生じるような現象についての研究。
「君がここで□を持ち出すのは単なる言い訳としか思えないよ。」
派 混沌

解答・ポイント

科学（研究の対象・方法により、自然科学・社会科学・人文科学に分かれるが、自然科学のみを指す場合もある）

複雑系

決定論

線形
対 非線形

カオス理論
派 カオス khaos（希）対 はコスモス kosmos（希）秩序

56 時間／空間

空間／古典物理学／時間／相対論／量子論

⇩
参 p.220

● 次の文章を読んで 要約 しなさい。

時間・空間とは、それぞれ「いま」・「ここ」からの広がりとして意識される「間」であり、世界を成立させる基本形式のことである。

古典物理学においては、両者はともに均質であり、時間とは空間の中を不可逆に流れるもので、時計によって計測できるとされ、空間とは時間や物質とは独立したもので、高さ・幅・奥行きの三次元の座標で把握できるとされた。

この世界観は画期的で、近代の自然支配や賃金労働を可能にし、見知らぬ者が均質化した時間と空間を共有して暮らす近代都市の成立に力を発揮した。

だがもちろん、われわれは生活の中で時間と空間を常に均質に力を発揮して客観的なものと見なすわけではない。また現代物理学では、三次元の空間と一次元の時間が関連し合う四次元時空間の中で運動を把握すべきだとする相対論（＝相対性理論）や、微小な領域の時間や空間は均質でないとする量子論がそれぞれ有効とされており、このことは現代の哲学・思想にも大きな影響を与えている。

要約

時間・空間を均質と見なす古典物理学による世界観は、近代世界の成立に力を発揮したが、必ずしも絶対ではなくなっている。

📝 読解マップ

古典物理学＝均質な時間・空間
↓近代都市
⇔
現代物理学＝相対論・量子論

「日本で最初の時計はどんなもの？」

日本最初の時計は、容器に出入りする水の高さの変化を測る水時計だったと言われています。天智天皇（626～671）以降、水時計を据えて鐘で時刻を知らせ時間の統一に必要だったでしょうがバビロニアやエジプトではすでに紀元前16世紀に水時計が存在していました。

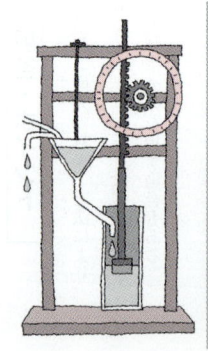

重要度順 次の □ に当てはまる語句を答えなさい。

276 ①時刻と時刻の間②今からの広がりとして意識される認識の基礎を成すもの③現象や出来事の経過と順序を記述するための連続した変数。
「死ぬまでにあとどれくらいの □ を過ごさねばならないのだろう。」
→ **時間**（対 空間）

277 ①物がなく空いている所②ここからの広がりとして意識される認識の基礎を成すもの③現象や出来事が生起する三次元の広がり。
「本屋という □ が大好きで、来るといつもアガる。」対
→ **空間**（対 時間）

□ 278 アインシュタインが提唱した現代物理学の基礎を成す考え方で、時間が三次元空間と密接に関わるものであること、などを導き出した。
「お前が進歩ないから、時代を早く感じるんだろ。 □ みたいなもんさ。」対
→ **相対論**（＝相対性理論）（物体が高速で移動するほど時間の流れは遅くなるとする）

□ 279 ミクロの物質に関する現代物理学の基礎を成す考え方で、未来が因果関係で決まるものではなく確率的に決まること、などを導き出した。
「日本の多くのアニメは □ を扱っている。」
→ **量子論**（物理現象を量子力学の適用によって解明しようとする理論。観測という一種の運動が観測の前後の時間の均質さを壊すとする）

□ 280 ニュートン力学などを基礎に、物理現象を説明する理論体系。すべてが因果律で成り立つとし、近代的思考を導き出した。
「僕の頭は □ で止まっているが、先へ進みたいとは思わないね。」
対 量子力学を基礎とする現代物理学の理論体系
→ **古典物理学**（対 量子物理学）

◆第3章◆ 重要テーマ読解語 300

57 メディア

コミュニケーション／媒体／マスメディア／メッセージ／メディア

⇨ 参 p.22〜

●次の文章を読んで 要約 しなさい。

メディアとは本来、メッセージを伝える媒体という意味である。人間は社会を構成する存在であるため、どのようにメッセージをやり取りするかというコミュニケーションの媒体としてのメディアの変遷が人間のあり方を変える。メディアに基づくコミュニケーションの歴史をたどれば、第一段階は身振りと音声による相互伝達の時代、次に文字が加わるのが第二段階。文字は時空の制約を超えて人々を結びつける。特に印刷文字は、特定個人から不特定多数の個人への接続を可能にしてマスメディアを生み出した。第三段階は電子メディアに基づくもので、不特定の個人と不特定の個人の接続を可能にする。情報は瞬時に世界に発信され、見知らぬ者同士をも瞬時に接続し、身近に感じさせる。

一方、ネットが一般化した現代では、電磁波ではなく物を媒体とする先行メディアの本や紙がもつ役割も再評価され、有限で唯一の物に関わるからこそ、知性の有限性を知り、完成への意志が生まれるとも考えられている。

要約

> メッセージを伝える媒体としてのメディアの歴史を生み、人間のあり方を変えてきた。
> のコミュニケーションの歴史を生み、人間のあり方を変えてきた。
> メディアの変遷は、三つの段階

読解マップ

① メディア→コミュニケーション
② 身振り・音声→相互伝達
③ 文字→印刷文字→マスメディア
　ネット→不特定個人同士

「メディアはメッセージだ」
これはマーシャル・マクルーハン（1911〜80）の言葉です。メディア(media)はミディアム(medium)中間のもの）の複数形。人と人の中間にあるものがメディアはメッセージなのです。毎日メールが来るということ自体が、メールの内容以上にメッセージをもつ場合もありますよね、きっと♪

6. 数理・情報

重要度順 次の□に当てはまる語句を答えなさい。

□ 281 精神的な交流。意思（＝考え）・感情・思考を伝達し合うこと（ラテン語の「分かち合う」が語源）。
① 不特定の大衆に大量の情報を伝達すること。新聞・テレビ・雑誌など。
② □に必要な知識・能力。

□ 282 媒体。情報媒体。情報の保存・伝達のためのもの。
「マクルーハン的にいえば、□そのものがメッセージなんだ。」（村上春樹『1Q84』）「完璧な記録□など存在しないんです。」
派 □ がもたらす情報を主体的・批判的に解読できること

□ 283 媒介する（＝間にあって仲立ちをする）もの ② 伝達の媒介手段となるもの。
「僕は彼女を□として、やっと世界を感じ取れるようになった。」

□ 284 新聞・テレビ・雑誌など、マス・コミュニケーションの媒体。
「みんな□に頼って安心したいんだよ。」

□ 285 言語や他の記号によって伝えられる情報内容。伝言。声明。
「私、歌に□性は求めてないなー」

解答・ポイント

コミュニケーション communication
派 ① マス・コミュニケーション mass communication（＝マスコミ）
② コミュニケーション・リテラシー communication literacy

メディア media（元来は中間にある物を意味する medium の複数形）
派 メディア・リテラシー media literacy

媒体

マスメディア mass media

メッセージ message

58 テクノロジー

ヴァーチャル・リアリティ／情報社会／臓器移植／データベース／テクノロジー ⇨

参
p.16〜
p.27〜
p.186

●次の文章を読んで 要約 しなさい。

人間は**近代**以降、**テクノロジー**（＝科学技術）を駆使することにより、世界のあらゆるものを利用しようとしてきた。

しかしその結果として、人間の大量殺戮（さつりく）も可能となり、**臓器移植**にも見られるように人間自体を利用する**テクノロジー**も生み出された。

今や**テクノロジー**は、人間の生活や**感性**、また**ヴァーチャル・リアリティ**などを通じて、人間の現実感をも大きく変える力となっている。

もはや**テクノロジー**が優位となり、人間中心の時代は終わったとも言われる。

また、**社会**は**テクノロジー**の発達により、**産業革命**以降の工業社会から、情報産業が主導して生産活動を促す**情報（化）社会**に移行し、そこではこれまでと異なる問題も生じている。情報産業の偏重が産業の空洞化を招いて経済力を弱めるという指摘や、**データベース**や監視カメラによる監視・管理の強化が**個人**の**プライバシー**を侵害し、人間**疎外**を進行させるという指摘もある。

要約

今や**テクノロジー**は人間を変える力をもち、近代以降の人間中心の時代を終焉させ、様々な問題をあわせもつ**情報社会**をもたらした。

読解マップ

テクノロジー
├ 人間の生活・感性・現実感を変える
└ 近代以降の人間中心の時代が終わる
　└ 情報社会→様々な問題

「テクノロジーの宗教化？」

現在のテクノロジーは情報技術（＝IT）やバイオテクノロジーなど、個人の生活にも忍び込み、生命の誕生や死など人間の尊厳に関わる技術をも生み出しています。科学は生活も感性も現実感をも変える力をもち、人間が深く信仰するものとなって、ある意味では、中世の宗教と似たものに変貌し始めたのかもしれません。

6. 数理・情報

重要度順 次の ▭ に当てはまる 語句 を答えなさい。

□ **286** 技術の進展が社会構造に影響し、科学と技術が一体化した状態。「自然法則は、自然を改変し操作する強力な ▭ として応用されていった。」(河野哲也『意識は実在しない』)
派 ①生物工学・生命工学　②技術的・専門的

□ **287** コンピュータと通信技術の発達により、情報も資源と見なされ、その価値に基づいて機能する脱工業化社会（＝ポスト工業化社会）。「インターネット以前と以後では ▭ の意味が違う。」対

□ **288** 臓器の機能を代行させるため、他人の正常な臓器を移植すること。「新聞に躍る ▭ という四文字が、いつも、なぜか怖い。」関

□ **289** 情報基地を意味する言葉で、大量のデータが維持・管理され、目的に応じて活用されるようになっているファイル・システム。「▭ を個人で所有する意味は、日に日に薄れていっている。」

□ **290** コンピュータとシミュレーションの技術で作られた仮想の三次元空間を、視覚などの感覚を通じて現実のように知覚させること。「▭ の世界に何の不満もありません。」「えっ？」

解答・ポイント

テクノロジー technology（＝科学技術）
派 ①バイオテクノロジー biotechnology　②テクニカル technical

情報（化）社会
対 産業社会・工業（化）社会（産業革命以降の工業を中心として発達した社会）

臓器移植
関 脳死

データベース data base

ヴァーチャル・リアリティ virtual reality（＝仮想現実）

◆第3章◆ 重要テーマ読解語 300

59 アナログ／デジタル

アナクロ／アナログ／システム／デジタル／離散的

⇩
参 p.236

●次の文章を読んで 要約 しなさい。

アナログ、デジタルと言えば、時計の種類で馴染み深い。一般にアナログとは、物質・システムなどの状態、たとえば時間という状態を、他の連続した物、たとえば回転する針の角度などで表示することを言う。アナログの「アナ」は、「後」「反」「類似」などの意味をもつギリシャ語である。アナログは、「類似」という意味から派生した言葉だが、「アナ」を使った言葉には他にも「アナ」+「ロジック」（＝論理）で「アナクロ（ニズム）」（＝時代錯誤）「アナ」+「クロノス」（＝時間・時代）で「アナロジー」（＝類推）などがある。

それに対してデジタルとは、物質・システムなどの状態を限られた数の数字列などで表示することを言う。デジタルの語源は、ラテン語の「指」であり、数を「指」で数えるところから、離散的な数を意味するようになった。

また、一般に、アナログは曖昧で瞬間的・直感的で、全体的な把握に向き、デジタルは明確で分析的・理性的で、部分的な把握に向くとされる。

要約

物質・システムの状態を、類似の物で表示することをアナログ、限られた数の離散的な数字列で表示することをデジタルと言う。

読解マップ

アナログ＝連続する類似の物で表示
→曖昧・瞬間的・直感的
→全体的な把握に向く

⇔

デジタル＝有限の数の数字列で表示
→明確・分析的・理性的
→部分的な把握に向く

「デジタル時計は便利？」

デジタル時計は、ケータイとかで毎日見てますね。「23:59」の後に「0:00」と急に変化して不思議な感じもします。あいだが飛ばされて急に時間が流れたみたい。また、後どのくらいで授業が終わるのかを知るにも、針の角度がないので引き算をしないとわかりません。

234

6. 数理・情報

重要度順 次の ▢ に当てはまる 語句 を答えなさい。

▢ **291** 多数の構成要素が役割をもって秩序を保ち、有機的に働く全体的な関連。「私生活よりも、それを管理する情報▢こそがプライバシー保護の対象となりつつある。」(阪本俊生『ポスト・プライバシー』) 派 生態系

▢ **292** ある状態を表すデータが、**離散的な数字・文字などの信号によって表示されること。**「この▢な音が懐かしい。」

▢ **293** ある状態を表すデータが、長さ・回転角度・電流などの連続的な変化によって表示されること。「地上▢波は2011年に終了した。」対

▢ **294** 時代の流れに遅れている・逆行していること。「頼むから携帯くらい持ってよ、この▢野郎がぁぁ！」

▢ **295** ある変化量がとびとびの数値しか取りえない状態。「ここでの時間は伸び縮みする。▢なデータをリニアル（＝直線のよう）につないで考えてはだめよ。」派 まとまっていたものが散り散りに離れること

解答・ポイント

システム system （生命体も官庁も企業も**システム**の一つと言える）
派 エコシステム ecosystem

デ（ィ）ジタル digital
対 アナログ

アナログ analog / analogue
対 デ（ィ）ジタル

アナクロ（ニズム） anachronism （＝時代錯誤）

離散的
派 離散

60 情報

インターネット／情報／ソフト／ハード／メディア・リテラシー

⇩ 参 p.230

●次の文章を読んで 要約 しなさい。

コンピュータの普及により、ハード（ウェア）、ソフト（ウェア）などの言葉が高頻度で使われるようになった。前者は、コンピュータのシステムを構成するものを意味したが、現在ではあらゆる機器の構造に関すること、さらにはCDプレーヤーやDVDプレーヤーなども指す。それに対して後者は、コンピュータのプログラムの総称であったが、現在ではあらゆる機器の利用面、さらにはCDやDVDなども指す。またコンピュータは、文字、音声、映像を0と1の二進数の数字配列でデジタル化し、（インター）ネットなどを通じて、高速で広範囲に情報を伝達する。その結果、情報という言葉は、現在では、メディアを通してやり取りされるすべての文字、音声、映像を指す重要語となった。

今後の世界においては、ネットをはじめメディアを使って情報を適切に書き込む能力、すなわち、メディアを使って情報から得た情報の真偽を見極め主体的に読み解くとともに、メディア・リテラシーが問われると言えよう。

要約

コンピュータの普及は、情報という言葉を重要語に変え、ネットなどを通じてのメディア・リテラシーが問われる世界を生んだ。

読解マップ

コンピュータの普及
↓ハード（ウェア）
　＝機器の構造に関すること
↓ソフト（ウェア）
　＝機器の利用面
↓情報＝メディアでやり取りされるすべての文字、音声、映像

「コンピュータは本当に正確なの？」

コンピュータは100…などと0と1でデジタル処理された情報を電圧の高・低に置き換えて読み取ります。またこの数字列の桁数をビットと呼びますが、ビットは限られた桁数なので、それを超える情報に関して常に誤差が生まれています。だからコンピュータが正確だというのは実は迷信なのです。

6. 数理・情報

重要度順 次の □ に当てはまる 語句 を答えなさい。

□ **296** 種々の**媒体・メディア**を通してやり取りされる、判断・行動するために必要な文字・音声・映像。
「おトクな □ が満載でございます。」

□ **297** コンピュータ・ネットワーク（＝複数のコンピュータを通信回線によって接続した組織網）をさらに相互に接続して一つに機能させた組織網。
「□ がある時代に生まれてほんとうによかった、って思うのは私だけ？」

□ **298** ①処理を行うプログラム・手続き ②電子機器などの利用面 ③CD・DVDなど。
「かつては不完全ながら良質なフリー □ がいくらでもあった。」 対

□ **299** ①システムの物理的な構成要素 ②電子機器などの構造 ③CDプレーヤー・DVDプレーヤーなど。
「俺は自分の □ としての**スペック**（＝仕様＝構造やデザイン）には満足してる。」 対

□ **300** メディアの**情報**を主体的・批判的に解読してコミュニケーションできる能力。
「世代によって □ に差があるんでしょうか？」 派 読み書きの能力

解答・ポイント

情報（人は情報から知識を、そして知識から知恵を構成するが、また逆に知恵も単なる情報へと解体される）

（インター）ネット internet （net〈＝ネットワーク〉の inter ～〈＝間での～〉更なるネットワークという意味）

ソフト（ウェア） software
対 ハード（ウェア）

ハード（ウェア） hardware
対 ソフト（ウェア）

メディア・リテラシー media literacy
派 リテラシー literacy

第3章 数理・情報

このようなタイプの学習書は、辞書と同じように、複数の著者が分担して執筆することも多いのですが、ぼくは一人で書きたいと思いました。すべてのページを担当することによって、さまざまな語彙やテーマの関連性を取り上げ、ぜひ総合的な言葉の理解を目指してもらいたかったからです。世界を紡ぐ言葉は織物の糸やネットのブログのように相互に深くつながっています。

この本をつくるにあたっても、さまざまな方面で、たくさんの方にご協力いただきました。
お世話になった皆さまに改めてここで感謝を申し上げます。

飯田満寿男さん・稲垣伸二さん・入不二基義さん・菊田明子さん・雲幸一郎さん・小池ひろえさん・小林由未子さん・清水正史さん・高田和枝さん・野口絢子さん

（五十音順）

索引

「重要語」と「人物名」に分けて五十音順に並べてある。数字はすべて掲載ページを示す。太字は見出し語、および見出しになっているページを示す。本編を最後まで終えたら、最終チェックに利用して欲しい。また、さまざまに関連する語彙を検索できるように、同意語、派生語、関連語、対義語、同音異義語や他の語彙に関しても、可能な限り収録してある。学習の一助となることを願っている。

1 重要語
2 人物名

1 重要語

あ

- ア・プリオリ ……… 115
- ア・ポステリオリ … 115
- アイデンティティ … 211
- アイデンティティクライシス ……… 210
- あいまって ……… 45
- アイロニー ……… 96
- アウフヘーベン … 225
- アウラ ……… 127
- 煽り ……… 126
- 煽る ……… 111
- アカデミズム ……… 46
- あがなう ……… 113
- 崇める ……… 44
- 悪心 ……… 47
- 悪態をつく ……… 43
- アクティブ ……… 65
- アクロバチック … 109
- アクロバット ……… 106
- 浅ましい ……… 106
- 足がつく ……… 49
- 足が向く ……… 65
- 足元 ……… 65
- 足元に火がつく … 65
- アジテーション … 111
- アジる ……… 111
- 与える ……… 46
- アソシエーション … 111
- 値千金 ……… 43
- 頭を振る ……… 67
- 仇をなす ……… 66
- 呆気にとられる … 71
- あっけらかん ……… 55
- あてつけに ……… 72
- あてる ……… 100
- 軋轢 ……… 39
- 誂え ……… 60
- 後追い ……… 60
- あとぐされ ……… 68
- あとずさり ……… 60
- あとの祭り ……… 60
- あと引き ……… 60
- あと引き上戸 ……… 60
- アトミズム ……… 224
- アナーキズム ……… 113
- アナクロ(ニズム) 234/235
- アナログ ……… 234/235
- アナロジー ……… 135
- アニマ ……… 189
- アニミズム ……… 189
- あふれる ……… 47
- アポリア ……… 161
- 遍く ……… 160
- 網の目 ……… 35
- 文目 ……… 30
- 文目も分かず ……… 23
- あられもない ……… 72
- アルケー ……… 48
- アレゴリー ……… 143
- 案じ事 ……… 96
- アンソロジー ……… 61
- アンチテーゼ ……… 123
- アンチノミー ……… 225
- あんに違わず ……… 101
- アンビバレンス ……… 72
- アンビバレント ……… 108
- 暗黙知 ……… 108
- 暗喩 ……… 87
- 安楽死 ……… 121/120
- ……… 207

い

- いいしれない ……… 48
- 唯々諾々 ……… 50
- 異化 ……… 96
- 易化 ……… 96
- 遺憾 ……… 35
- 遺憾なく ……… 35
- 粋 ……… 94
- 閾値 ……… 97
- 息を凝らす ……… 64
- 息を殺す ……… 64
- 息をつく ……… 65
- 息を呑む ……… 64
- 息を抜く ……… 65
- 幾許 ……… 35
- 幾許もなく ……… 35
- いけすかない ……… 48
- いざなう ……… 44
- 意識 ……… 145/144
- イズム ……… 112
- 依存 ……… 81
- 異存 ……… 34
- 異存なく ……… 34
- 板につく ……… 65
- 痛ましい ……… 49
- 悼む ……… 207
- 一義 ……… 88
- 一目置く ……… 66
- 一物 ……… 71
- 一様 ……… 163
- 一家をなす ……… 66
- 一驚を喫する ……… 70
- 一景 ……… 94
- 一札を入れる ……… 70
- 一矢を報いる ……… 70
- 一身 ……… 42
- 一心 ……… 42
- 一指を染める ……… 70
- 一石を投じる ……… 70
- 一拍置く ……… 34
- いつとなく ……… 66
- 一般 ……… 133
- 一般化 ……… 133/132
- イデア ……… 161
- イデオロギー ……… 181/180
- 厭う ……… 112
- イニシアチブ ……… 111
- イニシエーション ……… 111/102

240

□ 意に染まない … 63	□ 意に満たない … 63	□ 訝る … 46
□ イマージュ … 157	□ いまいましい … 49	□ イメージ … 157
□ 否応 … 35	□ 否応なく … 35	□ 慰霊 … 207
□ 異例 … 207	□ イロニー … 206	□ 色を失う … 96
□ 色をなす … 66	□ 曰く … 66	□ いわく言い難い … 73
□ 謂れ … 73	□ いわれもない … 48	□ 陰々と … 48
□ 陰々滅々 … 50	□ 因果 … 73	□ 因果応報 … 83
□ 因果律 … 222	□ 慇懃に … 38	□ 咽喉を扼する … 58

□ インターナショナリゼーション … 164

□ 因習〔襲〕 … 83

□ インターネット … 236 237

□ 因縁 … 83

□ 隠微 … 40

□ インフォームド・コンセント … 190

□ 韻文 … 114

□ インフレ(ーション) … 122

□ 隠喩 … 123

□ 韻律 … 121

う
□ ヴァーチャル … 28 31

□ ヴァーチャル・リアリティ … 232 233

□ ウィット … 77

□ ウェブ … 199

□ ウェブサイト … 198 199

□ 浮かぬ顔 … 59

□ うつうつと … 51

□ うつろ … 55

□ 疎ましい … 49

□ 疎む … 49

□ 絵空事 … 61	□ エスニック … 104	□ エスニシティ … 104
□ エコロジー … 169	□ エコシステム … 214 215	□ エゴイズム … 92 214
□ エゴイスティック … 92 235	□ エゴ … 92 193	□ エキゾチック … 105
□ エキゾチ(シ)ズム … 105	□ 益す … 46	□ 英雄主義 … 112
え □ 英知〈叡智〉〔知〕 … 77	□ 運命論 … 61	□ うろん … 55
□ うろ覚え … 54	□ うろ … 54	□ 恨みを呑む … 63
□ 恨みを買う … 63	□ 恨みを晴らす … 63	□ 恨みがましい … 63
□ うらづけに … 39	□ 促す … 46	

□ 越境 … 27

□ エディプス・コンプレックス … 148 149

□ えてして … 108 168

□ エ(ー)トス … 45

□ 穢土 … 213

□ ODA … 98 99

□ 大喜利 … 55

□ 大切り … 55

□ …12/13/20/21/30

□ 大きな物語 … 180

□ 鷹揚に … 38

□ オーラ … 67

□ 大手を振る … 99

□ NGO … 99

□ NPO … 99

□ 襟を正す … 50

□ 襟を開く … 56

□ エレクトラ・コンプレックス … 108

□ エロス … 184

□ 遠因 … 83

□ 演繹 … 135

□ 遠近法 … 134 135

□ 縁故 … 109

□ 厭世主義 … 195

□ エントロピー … 112

□ エントロピー増大則 … 107

お
□ お誂え向きに … 72

□ オイディプス・コンプレックス … 108

□ 横断 … 148 149

□ オブジェ … 96	□ お慰み … 61	□ おどおどとした … 36
□ おどおどになる … 68	□ おためごかし … 55	□ 御粗末 … 42
□ 悪心 … 43	□ おずおずとした … 36	□ 押しの強い … 68
□ 押しの一手 … 45	□ おしなべて … 67	□ 癇が落ちる … 67
□ 癇 … 83	□ おこがましい … 49	□ おこなべて …
□ 犯す … 46	□ 冒す … 46	□ 126 127

索引

241

◆索引◆

あ〜お（続き）
- オプティミズム … 112
- おぼつかない … 48
- 面映ゆい … 44
- 趣 … 83
- 慮る … 54
- 徐に … 46
- およびでない … 48
- おりいって … 45
- オリエンタリズム … 169
- オリエンタル … 169
- オリジナル … 168
- 尾を振る … 127
- 穏健な … 67
- 温存 … 40
- おろす … 81

か
- 外因 … 83
- 外延 … 80
- 懐疑 … 90
- 回帰的 … 31
- 諧謔 … 90
- 懐疑的 … 123
- 懐疑論 … 61
- 外在 … 80
- がいして … 45
- 確たる … 37
- かくして … 45
- 格差社会 … 164/165
- 学際 … 149
- 画一的 … 89
- 画一化 … 89
- 可逆 … 87
- 科学史 … 220/221
- 科学技術 … 232/233
- 科学革命 … 220/221
- 科学 … 226/227
- カオス理論 … 226/227
- カオス … 184/185
- かえりみて … 45
- 解離 … 100
- 乖離 … 100
- 外面 … 187
- 概念的 … 78/157
- 概念 … 78/157
- 階層社会 … 13/224
- 蓋然的 … 134
- 蓋然性 … 135
- 改心 … 135
- 会心 … 43
- 確としたる … 43
- かくれもない … 37
- 過激な … 48
- 掛け金 … 40
- 仮借 … 43
- 仮借なく … 35
- 過重な … 35
- 仮借 … 79
- 仮象 … 79
- 仮称 … 40
- 過剰な … 47
- 掠める … 233
- 可塑性 … 88
- 仮想現実 … 48
- かたじけない … 88
- カタストロフィ … 108
- カタルシス … 64
- 固唾を呑む … 108
- 語るに落ちる … 67
- 葛藤 … 100
- 活喩 … 121
- カテゴリー … 149
- 過度な … 40
- カトリック … 11/24
- 我の強い … 132
- ⋮ … 68

〜
- 頭を振る … 67
- 過分な … 40
- 貨幣 … 200/201
- 貨幣経済 … 202/203
- 神 … 188/189
- 醸す … 46
- かろうじて … 47
- からめる … 45
- 仮借 … 35
- 掛け金 … 43
- 過激な … 48
- かくれもない … 37
- 確とした … 37
- 我を殺す … 64
- 我を張る … 64
- 感覚 … 125
- かんがみて … 45
- 環境 … 214/215
- 環境アセスメント … 214/215
- 環境倫理 … 214/215
- 間欠的に … 26/31
- 還元 … 156/157
- 還元主義 … 39
- 完結性 … 31
- 間主観性 … 11/30/157/222/223/224/226
- 間主観的 … 208/209
- 癇症に … 38
- 間身体性 … 208/209
- 感性 … 76/212/213/232

き
- 陥穽 … 103
- 閑静 … 103
- 間然 … 73
- 間然するところがない … 92
- 完全主義 … 73
- 間断なく … 92
- 観念的 … 34
- 観念 … 141
- 観念論 … 90/78
- 間テクスト性 … 140
- 癇の強い … 78
- 癇癖 … 68
- 間髪を入れず … 72
- 頑迷に … 52
- 感無量 … 38
- 偽 … 157
- 起[基]因 … 83
- 気韻 … 83
- 擬音語 … 121
- 戯画 … 89
- 機械論 … 11/28/30/31/222/223
- 戯画化 … 89
- 気が気でない … 63

242

□ 聞き置く ……… 66	
□ ききずてならない … 69	
□ 季語 ……… 123	
□ 記号 ……… 183	
□ 記号学 ……… 183	
□ 記号論 ……… 183	
□ 気骨 ……… 53	
□ 擬人法 ……… 121	
□ 擬声語 ……… 121	
□ 既存 ……… 81	
□ 稀代 ……… 43	
□ 擬態語 ……… 121	
□ 忌憚 ……… 34	
□ 忌憚なく ……… 34	
□ 機知〔智〕 ……… 77	
□ 既知 ……… 77	
□ 吉事 ……… 102	
□ 喫する ……… 70	
□ きっとした ……… 37	
□ きっぱりとした … 36	
□ きな臭い ……… 44	
□ 祈念 ……… 78	
□ 帰納 ……… 134/135	
□ 機能 ……… 181	
□ 機能性 ……… 180/181	
□ 気の置けない … 180	
□ 規〔軌〕範 ……… 190/191	
□ 肝が太い ……… 70	
□ 逆接 ……… 100	
□ 逆説的 ……… 100	
□ 客体 ……… 139	
□ 客観 ……… 138/139	
□ 客観性 ……… 139	
□ 客観的 ……… 138/139	
□ キャピタリズム … 91	
□ 杞憂 ……… 103/173	
□ QOL ……… 99	
□ 九牛の一毛 ……… 71	
□ 糾〔糺〕弾 ……… 86	
□ 狂歌 ……… 123	
□ 狂気 ……… 213	
□ 供給 ……… 200/201	
□ 共産主義 ……… 172	
□ 矜持 ……… 93/102	
□ 凶事 ……… 102	
□ 凝視する ……… 53/57	
□ 共時的 ……… 204/205	

□ 郷愁 ……… 107	
□ 教条主義 ……… 92	
□ 共生 ……… 30/214	
□ 競争社会 ……… 31	
□ 鏡像段階 ……… 144	
□ 怯懦 ……… 53	
□ 協調 ……… 88	
□ 協調性 ……… 88/209	
□ 共同主観性 ……… 208	
□ 共同体 ……… 12/17/20/192/202/204	
□ 共同体主義 ……… 193	
□ 曲芸 ……… 119/106	
□ 虚構 ……… 118	
□ 御する ……… 69	
□ 御し難い ……… 69	
□ 巨視的 ……… 114	
□ 虚無主義者 ……… 112	
□ 虚無主義 ……… 112	
□ 虚無的 ……… 112	
□ 儀礼 ……… 191	
□ 綺麗事 ……… 102/61	
□ 気を利かせる … 62	
□ 気を取られる … 62	

く	
□ 具合 ……… 69	
□ 具合が悪い ……… 69	
□ 寓意 ……… 96/229	
□ 空間 ……… 228	
□ 寓喩 ……… 96	
□ クオリア ……… 145	
□ 近代科学 ……… 176/177	
□ 近世 ……… 137	
□ 禁忌 ……… 41	
□ 謹厳な ……… 186/187	
□ 近因 ……… 83	
□ 気を持たせる … 62	
□ 気をもたす ……… 62	
□ 気を吐く ……… 62	
□ 気を呑む ……… 62	
□ 気を呑まれる … 62	
□ 気を抜く ……… 62	
□ 気を取り直す … 62	
□ 近代 ……… 10/11/178/222/223/224	
□ 近代社会 ……… 128/129	
□ 近代思想 ……… 181	
□ 近代主義 ……… 180/181	

□ 潜る ……… 56	
□ 草木にも心を置く … 66	
□ 具象 ……… 79/131	
□ ぐずぐずとした … 36/131	
□ くすりと ……… 51	
□ 具体 ……… 79/130	
□ 具体的 ……… 131	
□ 口占〔裏〕を合わせる … 131	
□ 駆逐 ……… 59	
□ 口車 ……… 59	
□ 口ぐるまに乗る … 59	
□ 口に糊す ……… 59	
□ 口はばったい … 59	
□ 口不調法〔もん〕… 59	
□ 口をあわせる … 59	
□ 口をすくする … 59	
□ 口を酸っぱくする … 59	
□ 口をすべらす … 59	
□ 口をとがらす … 59	
□ 口をのりする … 59	
□ 屈託 ……… 34	
□ 屈託なく ……… 34	
□ 苦悩 ……… 49	

索引

243

◆索引◆

□ 首を長くする … 58	□ 形而下 … 110 / 152 / 153
□ 首を延ばす … 58	□ 経験論 … 152 / 179
□ クライマックス … 108	□ 敬虔な … 41
□ クラインの壺 … 14 / 30	□ 経験主義 … 93
□ クラシック … 104	□ 計画経済 … 203
□ グラフィック … 105	□ 形骸化 … 89
□ クレオール … 168 / 169	□ 形骸 … 89
□ グローバリズム … 164 / 165	□ ケ〔褻〕 … 174 / 175
□ グローバリゼーション … 28 / 31 / 164 / 165	**け**
□ グローバル化 … 164 / 165 / 202	□ 軍国主義 … 93
□ グローバル資本主義 … 173	□ グローバル・スタンダード … 165

□ 形而上 … 110	□ 血縁 … 13 / 30 / 194 / 195
□ 形而上学 … 152	□ 解脱 … 98
□ 形而上学批判 … 152 / 153	□ けたたましい … 49
□ 継時的 … 153	□ ゲゼルシャフト … 16 / 31 / 194
□ 芸術 … 124 / 125 / 205	□ 化身 … 42
□ 形象 … 79	□ 袈裟斬り … 55
□ 景勝 … 79	□ 袈裟 … 55
□ 蛍雪の功 … 60	□ 怪訝な … 40
□ 軽妙洒脱 … 52	□ 劇的に … 39
□ 啓蒙思想 … 179	□ ケガレ〔穢れ、汚れ、褻れ〕… 174 / 175
□ 啓蒙主義 … 28 / 31 / 178 / 179 / 180	□ 稀〔希〕有な … 41
□ 計略 … 103

□ 結果的に … 39	□ 言説 … 150 / 151
□ 結果論 … 61	□ 原子論 … 11 / 30 / 223 / 224
□ 決定論 … 226 / 227	□ 現象学 … 131 / 159
□ 傑物 … 43	□ 現象 … 130 / 131
□ けなげ … 55	□ 厳粛な … 130 / 131
□ 懸念 … 78	□ 現実主義 … 154 / 155
□ ゲマインシャフト … 16 / 31 / 194	□ 原罪 … 84
□ 外連のない … 49	□ 健在 … 80
□ 外連味 … 49	□ 顕在 … 80
□ 元 … 97	□ 言語 … 184 / 185
□ 衒学的 … 105	□ 喧々諤々 … 73
□ 厳格な … 41	□ 現金 … 43

□ 狡知 … 77	□ 厳然 … 41
□ 構造主義 … 140 / 150 / 158 / 159	□ 現代思想 … 128 / 129
□ 好人物 … 43	□ 言文一致（運動）… 95
□ 口承文芸 … 146 / 147	□ 言文一致体 … 95
□ 口承 … 146 / 147	□ 原理 … 142 / 143
□ 恒常 … 131	□ 原理主義 … 143
□ 口語文学 … 147	□ 権力 … 218 / 219
□ 口承 … 147	**こ**
□ 恍惚と … 50	□ 甲乙 … 69
□ 口語体 … 95	□ 甲乙付け難い … 69
□ 公共性 … 88 / 192 / 193	□ 狡猾に … 38
□ 工業（化）社会 … 17 / 233	□ 公共 … 88
□ 工業 … 31

□ 国民総生産（GNP）… 29 / 31 / 148 / 166 / 167 / 192 / 99	□ 巧遅 … 77
□ 国民主義 … 167	□ 交通 … 148 / 149 / 164 / 202
□ 国民国家 … 166 / 167 / 168 / 192	□ 公的に … 39
□ 国内総生産（GDP）… 24 / 25 / 99	□ 荒唐無稽 … 52
□ 国粋主義 … 165	□ 公理 … 84
□ 国際化 … 165	□ 合理主義 … 93 / 178 / 179
□ 国際社会 … 165	□ 合理性 … 212 / 213
□ 国語 … 164 / 166	□ 声を上げる … 64
□ こがれる … 47 / 210	□ 声を呑む … 64
□ コーポレート・アイデンティティ … 219	□ 声を殺す … 64
□ コード … 182 / 183	□ コーディネート … 219

244

□ 国民文学 …… 166/167	□ 個人 …… 196/197	□ コミカル …… 110	□ コンピュータ・グラフィックス …… 105	**さ**	□ サブカルチャー …… 216/217
□ 国連平和維持活動(PKO) …… 166/167	□ 個人主義 …… 192/193	□ コミック …… 110	□ コンプレックス …… 108	□ 差異 …… 84/162/184	□ 差別 …… 150/151
□ 沽券 …… 99	□ 伍す …… 224	□ コミュニケーション …… 20/230/231		□ 差異化 …… 84/151	□ 差別化 …… 150/151
□ 沽券にかかわる …… 99	□ コスミック …… 46	□ コミュニケーション・リテラシー …… 231		□ サイクル …… 42/115	□ 些末 …… 42/151
□ 糊口を凌ぐ …… 71	□ コスモス …… 104/227	□ コミュニタリズム …… 193		□ 砕身 …… 72	□ 瑣末 …… 42
□ 心得 …… 59	□ コスモロジー …… 104/185	□ コミュニティ …… 111/194/195		□ 細大漏らさず …… 72	□ さめざめと …… 51
□ 心得顔 …… 59	□ 悟性 …… 76	□ 肥やす …… 57		□ 細大 …… 72	□ 酸化 …… 157
□ 心覚え …… 54	□ 姑息になる …… 68	□ コラボ(レーション) …… 111		□ 才知(智) …… 77	□ 慙愧 …… 73
□ 心苦しい …… 44	□ 擬態語 …… 121	□ コロニアリズム …… 169		□ 細緻 …… 77	□ 慙愧に耐えない …… 73
□ こころして …… 54	□ 国家 …… 219	□ こんこんと …… 27		□ 済度し難い …… 69	□ 産業革命 …… 220/221
□ こころ …… 45	□ 国家主義 …… 218/219	□ コンサバティブ …… 51		□ 再度魔術化 …… 31	□ 産業資本 …… 73
□ 心を配る …… 66	□ 克己心 …… 104	□ 権化 …… 53		□ 逆恨みを受ける …… 63	□ 産業社会 …… 233
□ 心を置く …… 56	□ 忽然と …… 50	□ 懇意 …… 52		□ 逆恨みされる …… 63	□ 三々五々 …… 17
□ 小ざっぱりした …… 36	□ 固定観念 …… 78	□ コンテクスト …… 169		□ さしおいて …… 45	□ 三段論法 …… 134/135
□ 腰折れ(歌) …… 123	□ 古典物理学 …… 228/229	□ 渾身 …… 42		□ さすがに …… 39	□ 暫定的 …… 73
□ 腰が重い …… 62	□ 事毎に …… 54	□ コンセプト …… 78		□ ざっくりとした …… 36	□ 散文 …… 122/123
□ 腰が軽い …… 62	□ 殊に …… 54	□ コンテクスト …… 141		□ 作品 …… 140/141	□ 散文的 …… 99
□ 腰が砕ける …… 62	□ 異に …… 64	□ 懇親 …… 42		□ 里心 …… 65	
□ 腰が据わる …… 62	□ 言葉を呑む …… 64	□ コンセプト …… 78		□ 里心がつく …… 65	**し**
□ 腰が高い …… 62	□ 言葉を挟む …… 72	□ コンテクスト …… 141		□ 寂び …… 94	□ 詩 …… 122/123
□ 腰が入る …… 62	□ 事もあろうに …… 47	□ 混沌 …… 184/185		□ サブカル …… 217	□ 思案 …… 67
□ 腰が低い …… 62	□ こなれる …… 126/127	□ コンピュータ・ネットワーク …… 237			□ 思案に落ちる …… 67
□ 腰砕けになる …… 62	□ コピー …… 132/133				□ 思惟 …… 143/183
□ 腰を据える …… 62	□ 個別 …… 132/133				□ 恣意 …… 90/182/183
					□ 示威 …… 183

索引

◆索引◆

GNP	99
CG	99 105
GDP	99 183
恣意的	90
ジェンダー	107
自我	145 160 211
自我中心主義	14 30
自家撞着	98 100
此岸	228 229
時間	51
しきりと	210 211
自己	210 211
自己同一性	201
嗜好	143
思索	142 143
事実	119
事象	200 201
市場	142 143
市場経済	202 203
私小説	95
システマチック	106
システム	234 235
システム論	11 30
死生学	206 207

自制心	104
自然	214 215 217
自然エネルギー	221
自然科学	220 221
自然主義	215
自然生存権	95
自然発生的	31
思想	142 143
詩想	143
時代錯誤	234 235
実験心理学	144
桎梏	103
漆黒	103
昵懇	52
実在	80
実在論	61
実証	93
実証主義	90 204
実践的	131
実存	81
実存主義	81 158 159
実体	84
実態	84
失念	78

執拗に	38
シニカル	93
シニシズム	93
シニック	93
シニフィアン	156
シニフィエ	156
忍ぶ	69
忍び難い	69
指標	115
自負	102
自弁	171
自文化中心主義	170
資本	172 173
資本主義	172 173
資本家階級	173
始末	69
始末が悪い	69
しみじみと	51
シミュラークル	127
シミュレーション	126 127
市民革命	192 193
市民社会	170 171
自民族中心主義	9
ジャーナリズム	146 147

社会	196 197
社会科学	197
社会事業	203
社会主義	197
邪気	64
邪気を殺す	64
杓子定規	92
邪険な	40
写実主義	154 155
捨象	130 131
洒脱	52
借款	94
ジャポニスム	105
終焉	198 199
周縁	181 198 199
宗教	188 189
宗教改革	176 177
宗教性	27 31
集合	156 157
修辞	156 157
修辞学	113
自由主義	190 191
習俗	102
紐帯	

集大成した	37
縦断	149
周知	77
羞恥	77
衆知〔智〕	77
執着	38
愁眉を開く	58
十分条件	97
周辺	199
蹂躙	86
シュールレアリスム	154 155
主観	138 139
主観性	91
主観的	91 204
粛々と	37 50
粛然と	50
熟成した	37
宿命論	61
衆生	98
殊勝な	41
主体	138 139
主体性	91 139 204
主体的	91 204
需要	200 201

246

| □叙事 147 | □所在なく 35 | □所在 35 | □植民地主義 11 | □触媒 97 | □贖罪 84 | □諸行無常 94 | □条理 87 | □剰余価値 172 | □情報〔化〕社会 14/15 31 232 233 | □情報 31 236 237 | □商品経済 202 203 | □浄土 98 | □象徴的 183 | □象徴 182 183 | □醸造 46 | □小説 118 119 146 | □瀟洒な 41 | □商業資本 173 | □止揚 224 225 | □純文学 147 | □順接 100 | □殉教 189 |

| □叙事詩 | □抒〔叙〕情 123 146 147 | □抒情詩 123 146 147 | □徐々に 54 | □所存 81 | □助長 86 | □所与 84 | □知らん顔 59 | □自立 197 | □自律 196 197 | □自律性 31 | □尻に火がつく 27 31 | □真・ 65 | □ジレンマ 101 | □人口に膾炙する 157 | □人権蹂躙 41 | □森厳な 86 | □真摯に 71 | □真象 38 | □心象 79 | □心証 79 | □しんしんと 51 | □心身二元論 222 223 | □真相 79 157 | □心臓の強い 68 |

| □図がない 70 | □崇拝する 47 | □推論 213 | □酔興 53 | □**す** 酔〔粋〕狂 53 | □神話 27 31 186 187 | □審理 145 | □真理 145 156 157 | □心理 144 145 | □辛辣な 41 | □シンメトリック 106 | □シンメトリー 106 | □神妙に 38 | □シンボリック 182 183 | □シンボル 183 | □進歩主義 19 31 178 179 180 | □人物 43 | □心脳問題 145 | □人道主義 128 129 | □慎重 49 | □身体 30 208 209 | □心臓の弱い 68 |

| □青天の霹靂 60 | □生態系 214 215 | □生態学 215 | □精神論 92 | □精神主義 92 | □精神 92 | □性向 92 | □成果 92 | □正義 218 219 | □西欧的 22 31 125 | □**せ** スローガン 115 | □隅に置けない 63 | □窄める 47 | □図太い 237 | □図に乗る 70 | □図に当たる 70 | □ストイック 104 | □ステレオタイプ 115 | □スタティック 105 | □涼しい顔 59 | □杜撰な 41 | □素気なく 34 |

| □絶対的権威 31 | □絶対的 136 137 | □絶対主義 136 137 | □絶対視 137 | □絶対化 137 | □描速 89 | □せせせつと 77 | □絶世 51 | □雪辱を果たす 87 | □セックス 63 | □世代間倫理 107 | □世俗化 214 | □世俗 188 189 | □世間体 189 | □世間 73 | □是々非々 49 | □せせこましい 197 | □世情崇拝 188 189 | □責任 132 158 160 161 168 169 216 | □精霊崇拝 189 | □西洋中心主義 99 | □政府開発援助〔ODA〕41 | □静謐な 151 | □制度 150 |

◆索引◆

- 刹那 … 92
- 刹那主義 … 92
- 刹那的 … 92
- 摂理 … 84
- 背に腹はかえられない … 73
- 背より腹 … 141
- 是非 … 34
- 是非なく … 34
- 善 … 219
- 線が太い … 70
- 線が細い … 70
- 前近代 … 177
- 前身 … 227
- 線形 … 42 226
- 潜在 … 80
- 戦々恐々 … 73
- 全体主義 … 192 193
- 扇(煽)動 … 111
- 扇(煽)動する … 46 111
- 詮のない … 49
- 浅薄 … 49
- 川柳 … 123
- 千慮 … 71
- 千慮の一失 … 71

そ

- 洗礼 … 98
- 先例 … 98
- 造化 … 53
- 造詣 … 232 233 53
- 臓器移植 … 53
- 象牙の塔 … 60 113
- 双肩 … 71
- 双肩に担う … 71
- 総(綜)合 … 224 225
- 相克(剋) … 100 41
- 相互テクスト性 … 141
- 荘厳な … 41
- 相殺 … 100
- 創作 … 118 119
- 造(雑)作なく … 34
- 造成した … 37
- 創造 … 124 125 161
- 相対化 … 89 136
- 相対主義 … 136 137
- 相対性理論 … 137
- 相対的 … 89 136 229
- 相対論 … 228 229
- 荘重 … 41

- 贈与 … 202 203
- 疎外 … 86 149
- 阻害 … 85 86
- そがれる … 85
- そげれる … 47
- 俗人 … 43
- 属性 … 43 84
- 俗物 … 76
- 即物的 … 90
- 齟齬 … 44
- そこなう … 49
- 底のない … 82
- 咀嚼 … 71
- 俎上 … 71
- 俎上に載せる … 59 71
- そ知らぬ顔 … 88
- 塑性 … 34
- 素っ気なく … 179
- 措定 … 178
- ソフト(ウェア) … 236 237
- 粗末 … 42 54
- 空覚え … 68
- 粗略になる … 36
- そろそろとした … 206 207
- 尊厳死 … 211

た

- 遜色なく … 35 159
- 存在論
- 体系 … 162 163
- 大系 … 163
- 大航海時代 … 164 176 177 169
- 第三世界 … 194 195
- 大衆 … 193 195
- 大衆化 … 193 194 195
- 大衆社会 … 192 138 193 195
- 対象 … 139
- 対照 … 139
- 対称 … 139
- 対象化 … 139
- 大成した … 37
- 他意なく … 35
- ダイナミズム … 113
- ダイナミック … 113
- タイプ … 115
- 他我 … 160
- 多義 … 88
- 諾々と … 50
- 他山の石 … 60
- 他者 … 160 161 211

- 他者性 … 161
- 祟り目 … 46
- 祟る … 46 181
- 脱近代 … 8 177 180
- 脱工業化社会 … 152 153 218
- 脱構築 … 17
- 脱身体化 … 30
- 脱魔術化 … 14 15 31 198 199
- 脱中心化 … 28 31
- 伊達に … 38
- たてに取る … 71
- たてをつく … 65
- タナトス … 184
- タブー … 186 187 206
- ダブル … 114
- ダブル・バインド … 114
- ダブル・スタンダード … 114
- 多文化主義 … 170 171
- 多様 … 20 31 162 163
- 他律 … 196
- 誰彼なく … 34
- 多義 … 47
- 撓める … 123
- 短歌 … 122
- 弾劾 … 86

248

ち

- 小さな物語 … 13, 13
- 地縁 … 13, 30, 21
- 遅延 … 125
- 知覚 … 194, 195
- 置換 … 137, 211
- 地球全体主義 … 214
- 知性 … 76, 208, 209
- 秩序 … 184, 185
- 遅滞なく … 35
- ちなみに … 39
- 地に落(堕)ちる … 67
- 茶々を入れる … 63
- 抽象 … 79, 130, 131
- 抽象的 … 79
- 中心 … 15, 198, 199
- 中心志向 … 199
- 衷心 … 31
- 中世 … 176, 177
- 紐帯 … 102

- 弾性 … 88
- たんたんと … 51
- 端的に … 39
- 担保 … 102
- 中流社会 … 165
- 超越 … 162, 163
- 超現実主義 … 154, 155
- 超(剋)克 … 100
- 超自我 … 211
- 頂門の一針 … 71
- 直線的 … 31
- 直喩 … 121
- 直観 … 125
- 直感 … 125
- ちょっとした … 36

つ

- 追究 … 143
- 追従 … 53
- 追悼 … 206, 207
- 追討 … 207
- 痛感 … 49
- 通過儀礼 … 102
- 通暁した … 37
- 通時的 … 204, 205
- 通念 … 78, 157
- 憑物 … 67
- 憑物が落ちる … 67
- つくづくと … 51

- つぐなう … 44
- 土がつく … 65
- 突っけんどんに … 72
- 慎ましい … 49
- 夙に … 54
- つぶさに … 39
- 詳らかに … 56
- 瞑る … 39
- つらつらと … 51
- ツリー … 162, 163

て

- 帝国主義 … 93, 166, 168, 169
- 体軀 … 66
- 体裁をなす … 66
- ディジタル … 235
- ディスクール … 150, 151
- ディレンマ … 78
- 諦念 … 101
- テーゼ … 179
- データ … 186, 187
- データファイル … 20
- データベース … 232, 233
- 手が付かない … 63
- テクスト … 140, 141

- テクスト理論 … 141
- テクスト論 … 140, 141
- テクニカル … 233
- テクノロジー … 232, 233
- ディジタル … 234, 235, 236
- デジタル化 … 31
- デジタルメディア … 19
- 哲学 … 143
- 手に付かない … 63
- デフレ(ーション) … 114
- テロリスト … 171
- テロリズム … 171
- テロル … 171
- 手を打つ … 67
- 伝承 … 189
- てんでに … 39
- てんでで … 189
- 伝統 … 181
- 伝統主義 … 188, 189
- 天の配剤 … 60

と

- 同一性 … 84, 210, 211
- 投影 … 82
- 等閑に付す … 71

- 桃源郷 … 102
- 統合 … 141
- 統制経済 … 211
- 陶然と … 50
- 撞着 … 100
- 道徳 … 191
- 唐突な … 41
- どうなりと … 51
- 問うに落ちず語るに落ちる … 67
- とうへんぼく … 55
- 瞠目する … 56
- 陶冶 … 52
- 道理 … 77
- トートロジー … 107
- 通り一遍 … 71
- 咎める … 47
- 答め立てする … 47
- ドキュメンタリー … 119
- 独我論 … 133, 209
- 特殊 … 132, 208
- 独断論 … 61
- ドグマ … 137
- ドグマティズム … 92

索引

249

◆索引◆

な
- 匿名 ... 195
- 匿名性 ... 194 / 195
- 度し難い ... 69
- 撫で切〔斬〕り ... 195
- 留め置く ... 114
- ドラマチックに ... 66
- 何食わぬ顔 ... 39
- とりわけて ... 45
- とりたてて ... 45
- ドロップアウト ... 199
- 頓狂 ... 53
- 頓挫 ... 53
- 頓着 ... 53
- とんちんかん ... 55
- どんよりと ... 51
- ナイーブ ... 109
- ナーバス ... 109
- 内因 ... 83
- 内在 ... 163
- 内破 ... 148 / 149
- 内包 ... 80
- 内面 ... 14 / 30 / 186 / 187
- 等閑にする ... 71
- 慰み事 ... 61

に
- 二元論 ... 101
- 二項対立 ... 101
- 二重拘束 ... 114
- 日常 ... 174 / 175
- 日常茶飯(事) ... 112
- ニヒリスティック ... 112
- ニヒリスト ... 112
- ニヒリズム ... 112
- ニヒル ... 112
- 二分法 ... 101
- にべ ... 73
- にべもない ... 73
- ニュアンス ... 108
- 如実に ... 38
- 二律背反 ... 101
- 人間中心主義 ... 129
- 人間尊重主義 ... 232
- 認識 ... 214
- 認識論 ... 210 / 211
- 認知 ... 159 / 211
- 認知科学 ... 145
- なんなりと ... 43
- 難化 ... 96
- ナル(シ・チ)シスト ... 113
- ナル(シ・チ)シズム ... 113
- 成金 ... 43
- 悩ましい ... 49
- なみなみとした ... 36
- 涙を呑む ... 64
- 涙金 ... 43
- 何くれとなく ... 59
- ナショナリズム ... 166
- なしくずしに ... 72
- 27 / 31 / 128 / 129 / 158 / 144 / 145

ぬ
- ぬけぬけと ... 73
- 抜き差しならぬ ... 51

ね
- ネイション・ステイト ... 166 / 167
- ネガティブ ... 109
- 寝覚めが良い ... 69
- 寝覚めが悪い ... 69
- 捏造 ... 53 / 118 / 119

の
- 脳科学 ... 144 / 145
- 農業 ... 31
- 脳死 ... 173
- 農奴 ... 109
- 能動的 ... 107
- ノスタルジー ... 69
- のっぴきならない ... 149
- ノマド ... 118
- ノンフィクション ... 119
- ねもはもない ... 73
- ネットワーキング ... 151
- ネットワーク ... 150 / 151
- ネット ... 237
- 熱鉄を呑む ... 64
- 14 / 15 / 17 / 30 / 31 / 236

は
- バイオテクノロジー ... 232 / 233
- ハード(ウェア) ... 109
- パースペクティブ ... 236 / 237
- パース ... 109
- 俳諧 ... 123
- 媒介 ... 132 / 133
- 排外主義 ... 170 / 171
- 俳句 ... 122 / 123
- 媒体 ... 230 / 231
- 背反 ... 101
- 背理 ... 103
- 肺腑をつく ... 65
- 背離 ... 103
- はかどらず ... 72
- ばかにならない ... 69
- はかは行かず ... 72
- 歯がゆい ... 44
- 漠とした ... 37
- 旗色が悪い ... 69
- 旗色 ... 69
- 旗を揚げる ... 45
- 旗をはたして振る ... 67
- 旗を振る ... 67
- ばつが悪い ... 69
- パッシブ ... 109
- パトス ... 212 / 213
- 鼻が利く ... 57
- 鼻白む ... 57
- 鼻っ端の強い ... 68
- 媒介者 ... 133

語句	ページ
鼻っ柱の強い	68
鼻に付く	57
はなもちならない	69
鼻を明かす	57
鼻を明かせる	57
鼻を折る	57
鼻を挫く	57
鼻を高くする	58
幅ったい	59
パラダイム	220 221
パラダイム・シフト	221
パラドクシカル	110
パラドックス	110
パラレル	101
ハレ（晴れ）	36
はればれがましい	49 175
晴れ着	174
晴れ（の）舞台	174 175
パロール	185
パロディー	96
反映	82
反語	82 96
反自然主義	95

ひ

語句	ページ
PKO	99
ヒーロー	112
非営利団体（NPO）	99
彼岸	107
ヒエラルキー	98
悲願	98
悲観論	112
非合理	155
非合理主義	179
膝を打つ	67
微視的	105
ビジュアル	114
卑小	89
非政府組織（NGO）	99
非線形	227

語句	ページ
悲壮な	98
顰める	58
筆舌	73
筆舌に尽くし難い	73
必然的	135
逼塞した	37
逼迫した	37
必要十分条件	97
必要条件	97
一角の人物	65
人心地	65
人心地がつく	72
ひとしなみに	54
一つ覚え	174 175
皮肉	82 96
非日常	141
批判	140 141
批評	120 121
比喩	128 129
ヒューマニズム	115
標語	182 183
表彰	79 183
表象	79 183
漂泊	85

ふ

語句	ページ
ファシズム	112
ファッション	114
ファナティック	106
ファン	106
フィードバック	106
フィールドワーク	205
フィクション	119
フィジカル	152 153
不意をつく	65
風刺	96
風狂	53
風諷刺	96
風習	191
フェチ	201
フェティシズム	200 201
フェミニスト	113
フェミニズム	113

語句	ページ
敷衍	157
敷衍した	37
フォークロア	205
フォルム	213
不可解	87
不可逆	87
不可知	87
不可避	87
不可分	87
不羈	52
頒用	80
ヒロイン	112
ヒロイズム	112
ピラミッド型	30
表裏一体	101
表白	85
漂白	85
伏在	87
複雑系	226 227
腹蔵なく	35
無骨	52
武骨	52
ぶしつけに	39
不条理	87
腐心	43
無粋	94
不世出	87
不即不離	101
不遜な	40
布置	148 149
不調法	59

索引
251

◆索引◆

- 払拭 … 85
- 物心二元論 … 200, 201
- 物神崇拝 … 11/30, 222, 223
- ぶっつけに … 39
- ふとした … 37, 45
- ふとして … 63
- 腑に落ちない … 87
- 不如意 … 87, 133
- 不文律 … 133
- 普遍 … 90, 132
- 普遍的 … 90, 132
- 普遍化 … 205
- 不本意 … 87
- プライバシー … 186, 187, 232
- プリミティブ … 109
- 無聊 … 53
- ブルジョワ … 173
- ブルジョワジー … 172, 173
- プレモダン … 173, 177
- プロレタリア … 172, 173
- プロレタリアート … 172, 173
- フロンティア … 172
- 文化 … 216, 217
- 文化人類学 … 146, 147
- 文化相対主義 … 170, 171, 204, 205
- 踏ん切り … 55
- 文芸復興 … 177
- 文語体 … 95
- 粉骨砕身 … 42
- 粉飾した … 37
- 分析 … 224, 225
- 分析哲学 … 225
- 分節 … 184, 185
- 分節化 … 185
- 文節 … 185
- 文明 … 182, 185, 217
- 文明開化 … 216, 217

へ

- ベクトル … 97
- 辞易 … 103
- 平和維持活動（PKO）… 99
- 閉塞する … 47
- 閉居する … 47
- 閉口 … 103
- 閉居する … 47
- 閉眼する … 47

ほ

- ペシミズム … 112
- ペダンチック … 105
- 偏屈な … 41
- 偏見 … 178, 179
- 弁証法 … 224, 225
- 変様 … 85
- 変容 … 85
- 返礼 … 202, 203
- 法 … 218, 219
- 包括 … 85
- 封建的 … 173
- 封建制（度）… 172, 173
- 放心 … 43
- 放逐 … 85
- 包摂 … 71
- 呆然となる … 86
- 報道 … 147
- 棒に振る … 67
- 泡沫 … 42
- 茫洋と … 50
- 法律 … 219
- 暴力 … 202, 218, 219
- ポエム … 123
- ホームページ … 199
- 朴訥な … 41
- ぼくねんじん … 55
- 母国語 … 71
- 母語 … 166, 167, 168
- 反故 … 71
- 反故にする … 109
- ポジティブ … 179
- 保守主義 … 17
- ポスト工業化社会 … 162
- ポスト構造主義 … 150, 158, 159
- ポストコロニアリズム … 168, 169
- ポストモダン … 8/10/28, 177, 180, 181
- ホスピス … 206, 207
- 発句 … 123
- 補填 … 102, 103
- ボトラッチ … 203
- ボランティア … 171, 202, 203
- ホロコースト … 62, 218
- 本腰を入れる … 130, 131
- 本質 … 130, 131

ま

- 本能 … 185
- 煩悩 … 98
- 本末 … 184
- マーケット … 42
- マイノリティ … 199, 201
- まかなう … 44
- まぎれもない … 48
- 枕を高くする … 67
- 枕を振る … 58
- マクロ … 114
- 誠に … 54
- マザー・タング … 167
- 魔術的 … 31
- マジョリティ … 198, 199
- マスコミ … 12/21/30, 231
- マス・コミュニケーション … 231
- マスメディア … 192, 230, 231
- 眉毛を濡らす … 58
- 眉に唾をつける … 58
- 眉に火がつく … 58
- 眉を上げる … 58
- 眉を曇らせる … 58

252

- 眉を暗くする … 58
- 眉を焦がす … 58
- 眉を吊り上げる … 58
- 眉をひそめる … 58
- 眉をひらく … 58
- マルクス主義 … 158, 159
- マルチチュード … 26
- 満身 … 42
- マンネリ（ズム） … 115
- 万遍なく … 35

み
- 未開 … 216, 217
- ミクロ … 114
- 微塵 … 48
- みじんもない … 48
- 水掛け論 … 61
- 水をいれる … 63
- 水をかける … 63
- 水をあける … 63
- 水をさす … 63
- 水をむける … 63
- 未曾有 … 52
- 身の丈 … 71
- 身の丈にあう … 71

- ミメーシス … 161
- みもふたもない … 73
- 脈打つ … 67
- 脈がある … 67
- 雅 … 94
- ミリタリズム … 93
- 見るに堪えない … 57
- 民俗学 … 205
- 民族学 … 204
- 民族主義 … 167
- 民族浄化 … 171

む
- 無意識 … 144, 145
- 無何有 … 52
- 無何有の郷 … 52
- 無機的 … 91
- 無機物 … 91
- 無稽 … 52
- 無碍（礙） … 52
- 虫も殺さぬ … 64
- 矛盾 … 224
- 無償 … 203
- 無常 … 94
- 無常観 … 94
- 虫を殺す … 64

- 無政府主義 … 113
- 鞭打つ … 67
- むねをつく … 71
- 胸に一物 … 65
- 無闇と … 50
- 無量 … 52

め
- 銘打つ … 67
- 名状 … 69
- 名状し難い … 69
- 命題 … 224, 225
- 明喩 … 120, 121
- メカニック … 104
- メカニズム … 104
- メカニカル … 104
- メッセージ … 110
- メディア … 31, 230, 231
- メディア・リテラシー … 236, 237
- メタフィジカル … 152, 153
- メタファー … 120, 121
- 眼（目）から鼻へ抜ける … 57
- 眼（目）に角を立てる … 57

- 眼（目）に物見せる … 57
- 目端が利く … 65
- 目鼻がつく … 65
- 目ぼしい … 44
- 眼（目）も当てられない … 57
- メルクマール … 115
- 眼（目）を疑う … 56
- 眼（目）を覆う … 56
- 眼（目）を掩める … 56
- 眼（目）を潜る … 56
- 眼（目）を配る … 56
- 眼（目）を凝らす … 56
- 眼（目）を肥やす … 56
- 眼（目）を皿にする … 57
- 眼（目）を三角にする … 57
- 眼（目）を楽しませる … 57
- 眼（目）を瞑む … 56
- 眼（目）を盗む … 57
- 眼（目）を光らす … 56
- 眼（目）を開く … 58
- 眼（目）を細くする … 56
- 眼（目）を細める … 56, 58
- 眼（目）を瞠る … 56

- 眼（目）を剥く … 57
- 眼（目）を寄越す … 57
- 眼（目）を喜ばす … 56
- 綿々と … 50

も
- モード … 114
- モダニズム … 176, 177
- モダン … 181
- モチーフ … 124, 125
- モチベーション … 111
- もちもさげもならない … 111
- モデル … 127
- もの覚え … 54
- 物語 … 12, 28, 31, 204, 210, 211
- 物心つく … 65
- もののあわれ … 65
- もののついで … 61
- もののかず … 61
- もののどうり … 61
- もののはずみ … 61
- 模範 … 191

◆索引◆

模(摸)倣	125
モラトリアム	160
モラル	190/191
紋切り型	115/161

や
矢面に立つ	115
捩する	71
やたら	58
やにわに	55
躍起になる	39
野蛮	68
野暮	94
野望	216/217
大和言葉	138/196
山をなす	66
揶揄	86

ゆ
有機的	91
有機物	91
幽玄	94
融通無碍	52
ユートピア	102
幽閉する	47
猶予	115
ゆきつけに	39

ゆくりなく	35
指一本も差させない	70

よ
揚棄	225
容赦	35
容赦なく	97
要素	226
要素論	157/222/223/224
様態	114
洋々と	50
ヨーロッパ中心主義	168/169
抑圧	151
寄越す	57
よすが	150
余儀なく	55
余所事	61
余念	35
余念なく	35
世の中	196/197
よんどころない	73

ら
楽観主義	112
楽観論	112
ラディ(ジ)カル	110

領主	173
量子物理学	229
料簡	49
両義性	88
両義	88
リベラリズム	113
理不尽	87
離反	100
理念	78/160/161
リニアル	235
リテラシー	237
利他主義	193
理想主義	155
リズム	112/162/163
理性	76/212/213
離散的	178/234/235
離散	97
リサイクル	235
利己的	115
利己主義	92/193
リアリズム	112/154/155

り
ラング	185
乱切り	55

れ
連句	123
錬金術師	10/222
錬金術	10/222
レトリック	156/157
歴史的	28/31
歴史の終焉	205
歴史	204/205
例のない	49
冷戦	164/165
冷笑主義	93
礼儀	190/191
例	120/121
レアリスム	112/154/155

る
ルネサンス	176/177
類のない	49
類推	134/135

倫理	190/191
輪廻	98
凛とした	37
臨床心理学	144
両々あいまって	45
量子論	228/229

ろ
老獪な	40
老成した	37/67
老骨に鞭打つ	40
労働者	172
労働者階級	172/173
浪漫主義	95
ローカリズム	110
ローカル	110/165
ロゴス	152/212/213
ロゴス中心主義	153
ロマン主義	154/155
ロマンチック	105
ロマンチ(シ)スト	105
ロマンティシズム	112/154/155

わ
矮小	89
矮小化	89
和歌	122
和語	196
侘(詫)び	94
我にもなく	35

連綿と	50

254

2　人物名

- [ ] アインシュタイン　Albert Einstein ……… 229
- [ ] アンダーソン　Benedict Richard O'Gorman Anderson ……… 166
- [ ] ヴァレリー　Paul Valéry ……… 122
- [ ] ヴォルテール　Voltaire ……… 178
- [ ] エンゲルス　Friedrich Engels ……… 159
- [ ] ガリレオ　Galileo Galilei ……… 11
- [ ] クーン　Thomas Samuel Kuhn ……… 220
- [ ] ゲーテ　Johann Wolfgang von Goethe ……… 10
- [ ] サイード　Edward W. Said ……… 168
- [ ] サルトル　Jean-Paul Charles Aymard Sartre ……… 159
- [ ] ソクラテス　Sokrates ……… 142
- [ ] ソシュール　Ferdinand de Saussure ……… 156／159
- [ ] デカルト　René Descartes ……… 11／76／90／208／222／223
- [ ] デリダ　Jacques Derrida ……… 152／153／159
- [ ] 天智天皇 ……… 228
- [ ] ドゥルーズ　Gilles Deleuze ……… 159／162
- [ ] ニーチェ　Friedrich Wilhelm Nietzsche ……… 200／209
- [ ] ニュートン　Isaac Newton ……… 11／220／222／229
- [ ] ハイデガー　Martin Heidegger ……… 159
- [ ] バルト　Roland Barthes ……… 140／159
- [ ] フーコー　Michel Foucault ……… 128／150／159
- [ ] 福沢諭吉 ……… 166
- [ ] フクヤマ　Francis Fukuyama ……… 181
- [ ] プラトン　Platon ……… 153
- [ ] フロイト　Sigmund Freud ……… 144／183／184
- [ ] ベンヤミン　Walter Bendix Schönflies Benjamin ……… 127
- [ ] マクルーハン　Herbert Marshall McLuhan ……… 230／231
- [ ] マルクス　Karl Marx ……… 159／172
- [ ] メルロ＝ポンティ　Maurice Merleau-Ponty ……… 159／209
- [ ] 柳田國男 ……… 147／205
- [ ] ユゴー　Victor-Marie Hugo ……… 154
- [ ] ラカン　Jacques Lacan ……… 144／159／160
- [ ] リオタール　Jean François Lyotard ……… 159／181
- [ ] レヴィ＝ストロース　Claude Lévi-Strauss ……… 156／159／205
- [ ] レヴィナス　Emmanuel Levinas ……… 160

生きる 現代文読解語

著　　者　霜　　　　　栄
発 行 者　冨　田　　　豊
印刷・製本　株式会社シナノ パブリッシング プレス

発 行 所　駿台文庫株式会社
〒101-0062　東京都千代田区神田駿河台1-7-4
　　　　　　　　　　　　　　　　小畑ビル内
　　　　　TEL. 編集 03(5259)3302
　　　　　　　　販売 03(5259)3301
　　　　　　　　《⑥-256pp.》

© Sakae Shimo 2012
落丁・乱丁がございましたら，送料小社負担にて
お取替えいたします。
ISBN978-4-7961-1436-3　Printed in Japan

http://www.sundaibunko.jp
駿台文庫携帯サイトはこちらです→
http://www.sundaibunko.jp/mobile

■イラスト 塩井浩平